图书在版编目（CIP）数据

北师大实验中学课后服务素养课程体系建设 / 张超编著 . -- 北京：中译出版社，2025.2. -- ISBN 978-7-5001-8164-4

Ⅰ . G632.3

中国国家版本馆 CIP 数据核字第 2025WM5970 号

北师大实验中学课后服务素养课程体系建设
BEISHIDA SHIYAN ZHONGXUE KEHOU FUWU SUYANG KECHENG TIXI JIANSHE

出版发行：中译出版社
地　　址：北京市西城区新街口外大街 28 号普天德胜大厦主楼 4 层
邮　　编：100088
电　　话：010-68002876
电子邮箱：book@ctph.com.cn
网　　址：http://www.ctph.com.cn

责任编辑：张　旭
文字编辑：李雪梅

印　　刷：三河市国英印务有限公司
经　　销：新华书店
规　　格：710 毫米 ×1000 毫米　1/16
印　　张：11
字　　数：90 千字
版　　次：2025 年 2 月第 1 版
印　　次：2025 年 2 月第 1 次

ISBN 978-7-5001-8164-4　　　　定　　价：68.00 元

版权所有　侵权必究
中　译　出　版　社

北师大实验中学课后服务素养课程体系建设

张超 ◎ 编著

中国出版集团
中译出版社

本书系北京市教育科学"十四五"规划2022年度优先关注课题"中小学课后服务提质增效研究"(立项编号：CGEA22006)的研究成果之一。

前　言

　　从 2019 年出版《平台教育理念：寻找并成就属于自己的人生》以来，我的教育和学习实践都会有意无意地运用"平台教育理念"，因此积累了不少零星点状的思考。2021 年，中共中央办公厅、国务院办公厅印发《关于进一步减轻义务教育阶段学生作业负担和校外培训负担的意见》，"双减"政策正式实施，让我的很多思考得以在更大范围落地实践。借助学校的力量，我申请到了北京市教育科学"十四五"规划 2022 年度优先关注课题"中小学课后服务提质增效研究"（立项编号：CGEA22006），希望能够从"教育理念层面""学校组织层面""课程建立层面"三个角度做一些探索，为课后服务提质增效，让课后服务成为真正能助力学生成长、发展的阵地，切实地做一些工作。

　　本书是课题中"课程建立层面"的一个研究成果。

　　作为北京师范大学附属实验中学（简称北师大实验中学）整体课程体系中的重要组成部分，"课后服务素养课程体系"是面向全体学生，以"满足学生个性化发展需要（包括个人兴趣发展、个人视野拓宽、个人短板补强等）进而促进学生全面发展"为主旨的课程群。虽然按照国家要求，"双减"政策及课后服务主要指向义务教育阶段，但在北师大实验中学的素养课程体系建设中，相关课程既面向义务教育阶段的初中，也面向非义务教育阶段的高中，希望通过学校层面的整体设计，让全校学生都能受益。

我们在课程建立过程中，进行了"需求分析"+"内容设计"+"实施反馈"的综合考量。课后服务课程的设置，直接关系到学生的全面发展与个性培养，"需求分析"让我们深入了解学生的真实需求与兴趣点，从而确保课程内容的针对性与吸引力；在充分了解学生需求的基础上，"内容设计"环节变得尤为重要，它涉及知识点的选取、教学方法的运用，以及课程进度的安排等多个方面，都是为了让课程更加符合学生的学习规律与成长需求；而"实施反馈"则是检验课程设计是否合理、是否达到预期效果的关键环节，通过收集学生与教师的反馈，我们可以及时调整课程内容与教学方式，以实现更好的教学效果。

本书的内容围绕课后服务课程的建立与实施展开，通过政策分析、规则建立与具体实践相结合的方式，较为详细地介绍了北师大实验中学课后服务的开展情况及素养课程体系的建立情况。本书所分享的课程设计案例均来源于真实的课后服务实践，是对课题研究成果的具体展示。本书力求通过精练的文字将每一个具体课程实例都介绍清楚，让读者能够快速了解并掌握课程设计的核心要点。当然，由于教育环境的多样性与复杂性，我们的课程设计思路与方法可能并不适用于所有情况，但希望我们的介绍能起到抛砖引玉的作用，相信通过不断的探索与实践，大家一定能够找到适合自己学校、适合自己学生发展需求的课后服务课程模式。

我们也希望通过本书的出版，能够引发更多关于课后服务素养课程建设的讨论与研究，从而为推动中小学课后服务的提质增效贡献一份力量。我们期待与教育界同仁及广大读者共同探讨、共同进步，为助力学生的成长与发展作出更大的贡献。

由于时间和水平有限，本书中会有颇多偏颇之处，期待朋友们批评、交流。

目 录

第一章 "双减"背景下的课后服务   001
    锚定"双减"政策目标,构建学校育人新生态   006
    立足长远,精细设计   013

第二章 北师大实验中学课后服务规划   017
    北师大实验中学课后服务工作方案   019
    北师大实验中学非毕业年级课后服务时间与课程统筹安排   036

第三章 北师大实验中学课后服务素养课程体系   047
    北师大实验中学课后服务素养课程体系建设行动规划   048
    北师大实验中学课后服务素养课程方案   055
    北师大实验中学课后服务素养课程体系——
        具体科目课程标准模板   063

第四章　北师大实验中学课后服务素养课程实例简介　　067

　　学生社团　　067
　　玩转乐高 EV3 机器人的搭建与编程　　076
　　传统戏曲赏析与实践　　079
　　新媒体运营　　081
　　桥牌　　088
　　手工布艺饰品　　091
　　电器工程师　　094
　　博物馆 +　　098
　　足球　　100
　　科学魔术师　　102
　　敦煌藻井羊毛毡　　106
　　辩论　　108
　　濒危动物保护：我们和它们的未来　　111
　　物理探秘工坊：初探科学之旅　　115
　　千丝扇 + 蓝靛手工课程　　119
　　常见芳香植物探秘实践　　122
　　北京印象——文创产品设计与制作　　125
　　播音与主持艺术　　129
　　茶艺　　131
　　寻脉京华——北京通史　　134
　　我是美食家　　137
　　衍纸艺术　　140
　　物华天宝——宝玉石鉴赏　　143

目　录

德育素养专题课　　　　　　　　　　　　　　　145

绿色行动：我的生态环保实践之旅　　　　　　　147

文学与历史　　　　　　　　　　　　　　　　　150

汽车工程师　　　　　　　　　　　　　　　　　152

国家级非物质文化遗产——篆刻　　　　　　　155

纸艺折学　　　　　　　　　　　　　　　　　　160

第一章 "双减"背景下的课后服务

2021年7月，中共中央办公厅、国务院办公厅印发了《关于进一步减轻义务教育阶段学生作业负担和校外培训负担的意见》，并发出通知，要求各地区、各部门结合实际认真贯彻落实。在如此背景下，作为学校，探索"双减"背景下适宜自身发展的管理机制势在必行。

"双减"政策的实施，于学校而言是一个非常重大的挑战，这个挑战主要来源于政府要求——减轻学生作业负担和校外培训负担与当前社会（家长）的诉求——孩子在全面发展的同时提高成绩，其中，担心孩子的成绩因为"双减"政策而受到影响是矛盾的核心。与此同时，"双减"政策于学校而言也是一个重大机遇：以"双减"为背景建立符合学生需要、符合学校发展趋势的学校新教育生态。面对如此挑战与机遇并存的"双减"政策，于学校而言，需要认真思考"双减"政策的价值，需要认真思考"双减"背景下如何实现学校治理的现代化。

为了更全面地报告"双减"背景下北师大实验中学课后服务的开

展情况，请允许我先对"双减"政策的具体思考做以下梳理。

（1）"双减"政策是由政府层面推动实施的，这就意味着在力度、效率、资源等一系列保障方面都有大动作，原则上，其应该是依据更顶层目标设计的，是期望长期实施的政策。

（2）应该从更长远的角度、更广阔的格局思考"双减"政策的价值。我在与友人交流困惑时，被一语点醒：纵观中国改革开放后重要领域的中长期目标规划，总体来看都是利国、利民，且被有序、长期推进的（比如中国航天事业的规划）。从这个角度思考"双减"工作，虽然目前两个"甲方"似乎具有一定的矛盾，但长远来看应该是双赢的。

（3）通过"双减"，预防资本绑架教育、制造内卷焦虑，还教育一个非急功近利的正常生态，意义非凡，价值重大。

（4）短期内，由于内卷的惯性、选拔机制的限制、社会公平程度的制约，社会焦虑还会存在。但从长期来看，随着国力的提升，"双减"政策有利于社会理性的回归与社会公平的实现。

（5）"双减"政策的短期效果是社会层面的家庭总体教育成本降低；中期效果是学校层面的教育质效提升，社会焦虑水平有所降低及全社会教育成本进一步下降；长期效果是建立起国家层面的"人才培养—社会发展—人口结构"的平衡生态。

（6）"双减"不能仅仅依赖学校，不能将社会问题转变成教育问题，不能盲目地把责任推给学校；要直面社会性问题与教育性问题的区别，要从国家层面对课程、评价、选拔及教育实施情况等做进一步的系统研究，家庭、学校、社会要形成合力。

（7）从目前来看，虽然国家的目标明确，但"双减"政策的实施还处于摸索阶段，任重而道远。

在对"双减"政策思考与理解的基础上，结合学校的教学现实，我们就会很容易理解，"课后服务"着实是学校落实"双减"政策的重要抓手与举措，是"双减"背景下学校教育生态重塑的主阵地。经过初步的实践，我们的课后服务在取得一定成效的同时也暴露出一些问题，这些问题主要体现在"课后服务课程设计与学生需求的矛盾""课后服务具体内容与学生发展匹配度的矛盾""课后服务管理刚性与学生选择弹性的矛盾""课后服务资源配置效率与学校治理能力的矛盾"等方面。这些矛盾可以归结为一个主要问题：课后服务的提质增效情况如何？

登录中国知网，把"课后服务"作为关键词进行搜索，可以获得5650条记录（截至2024年4月），其中，在2021年7月24日之后的记录共有5025条。我们从这样的搜索结果可以得到以下两个结论。

（1）与"课后服务"相关的政策并不是新鲜事物，从国家战略的角度来看，2017年2月24日，教育部办公厅就印发了《关于做好中小学生课后服务工作的指导意见》。

（2）"双减"政策的实施力度空前，同时，社会的响应度极高，从政策发布后有关"课后服务"的文章的发表情况即可窥见一斑。

在如此背景下，作为学校，对课后服务提质增效的实践进行研究可谓至关重要且势在必行。

通过对《关于进一步减轻义务教育阶段学生作业负担和校外培训负担的意见》的学习，我们不难发现："双减"真正减的是"过重"，是"负担"，而非减学习的数量和质量。"双减"的真正价值是"减负增效"，促进学生进行更有价值的学习。"课后服务"作为"双减"工作的重要举措，旨在通过机制健全、行为规范的课后服务，增强教育服务能力，帮助家长解决困难，实现家—校—社共育，达成学生健康成长的目标。按照《关于做好中小学生课后服务工作的指导意见》中的五个方面的指导意见，结合学校的教育教学情况，我们认为可以从以下四个方面对学校的课后服务进行改进。

（1）基于学生学段的学习特点，构建符合学生多样化发展需求的课后服务素养课程系统。

（2）基于脑科学新近研究成果，创设与学生发展相匹配的课程。

（3）提高学校管理能力，创新学校管理机制，建设符合学生弹性选择需要的学校教育生态。

（4）提升学校治理水平，推进学校课后服务资源的供给侧改革，完善学校课后服务资源配置。

对于以上四个方面，课后服务的"课程建设"（包含第一个方面和第二个方面）是重中之重。本书重点介绍的"北师大实验中学课后服务素养课程体系"正是对"课程建设"改进成果的展示。关于第三个方面和第四个方面的相关内容，详见拙作《现代化学校教育生态建设》。

对于"北师大实验中学课后服务素养课程体系"的探索，我们的所有研究均基于这样的假设：以"21世纪素养"为核心，以"中国学生发展核心素养"为依据，结合"脑科学新近研究成果"，采用"基于真实问题解决模式的学习实践"方式，构建"五育并举，融合育人"的素养课程系统，促进学生全面发展、健康成长。

预设人的成长发展，不仅是"全面发展"，更是"融合发展"。"五育并举，融合育人"的理念为素养课程的建设与实施提供了明确的方向。

在对"提升学校治理、管理水平，构建学校教育生态，保障课后服务顺利实施"的探索中，我们的所有研究均基于这样的假设：学校整体教育生态的重构，不但是实现学校治理现代化的重要举措，更是学校课后服务提质增效的有力保障。

自劳伦斯·阿瑟·克雷明（Lawrence Arthur Cremin）在1976年首次使用"教育生态学"这一概念后，生态学理论在教育中的内涵、外延不断被丰富和扩展。生态学的方法与模式的要点在于指明教育情境的范围和复杂性。运用生态学的原理和方法，就是运用生态学的系统观、平衡观、联系观、动态观来考察教育问题。教育生态是指在教育活动中，对教育活动的存在、生产和发展起着限制和规范作用的多元主体和环境，完整的教育生态是教育主体与外部环境之间的运动关系的总和。学校是教育是制度化教育的载体，因而，许多教育生态问题是围绕学校这一生态主体发生的。在微观的学校教育生态中，人、教育、环境彼此相连，共同构成一个不断运动的生态系统。在这当中，无论是学校还是人，作为生态主体，都在自身与环境的平衡—不平衡—新的平衡的运动中寻求发展。从学校教育生态的视角思考学校的治理情况、思考课后服务的提质增效情况，能够从更全面的角度帮助我们进行探索与研究。

学校整体教育生态的重构涵盖学校改革的方方面面，本书重点关注"建立健全学校治理结构与运行机制（包括治理逻辑架构的科学合理、治理结构的建立健全、治理流程的规范高效、运行机制自适应生长模式的建构）"这个主题。通过对此主题的探索可知，应该完善学校课后服务资源配置并建立符合学生弹性选择需要的管理机制，站在学校治理的角度，从"供给侧"为课后服务的提质增效保驾护航。

有了以上两个层面的理论基础，我们的课后服务及相关课程建设便如火如荼地开展起来。

下面用两个总结报告，介绍在"双减"政策发布后的初始阶段，北师大实验中学有关课后服务的思考与开展情况。

锚定"双减"政策目标，构建学校育人新生态

2022 年，是"双减"政策实施的第二年。不懈怠、不走样，持续做好"双减"工作，关系到"双减"政策预期目标在第一年取得成效的基础上的实施情况。

一、回顾过去

在上一年落实"双减"政策工作中，我校在课内提质增效、减轻学生作业负担、统筹推进课后服务总体设计等方面，取得了一定成效。例如，制定了详细的课后服务工作方案及管理办法，开展了一系列提升校内教育教学质量的研究活动和教学主题展示活动。学生及家长对校内教育教学质量、学生作业负担的满意率高，大部分学生能在校内完成80%左右的作业，课后服务学生的参与率在96%左右。

二、做好当下

2022年，课后服务工作坚持在校长和书记牵头的领导小组的领导下开展，进行整体设计和实施，执行小组负责具体落实推进。结合校情学情，锚定"双减"政策目标和要求，在坚定落实原有工作方案的基础上，在统筹提升课内与课后教育教学质量、保障课后服务时间及服务水平、做优课程学习内容等方面重点发力，凝心聚力，深入调研，改进措施，增强了针对性，提高了精准性。具体实施情况及效果如下：

（一）整体设计与效果

我们认为课后服务和课堂教学具有延伸和互补的关系。课堂教学落实国家必修课程，以规定动作为主。课后服务主要提供个性化、可选择的菜单式项目课程，具有丰富、系统、分类、分层、自愿、自主等特点。我校课后服务分为三个时段，每个时段承担不同的功能。第一个时段为学习时段（或者作业时段），第二个时段为多元时段，第三个时段为暖心时段。

第一个时段时间为学生放学后至 16：50，主要内容是让学生完成作业和进行答疑辅导。这个时段的目标是两个"大多数"：让大多数学生能完成大多数的学科作业。从调查数据看，80% 左右的学生认为学校作业的完成时间少于 90 分钟。这个时段的学生参与率基本保持在 96% 左右。

第二个时段时间是 17：00~17：40，为多元时段。之所以叫多元时段，是因为它的课程具有多元化、自主选择性的特点。按领域分，有学科发展课程、劳动课程、科技课程、体育课程、艺术课程、心理健康课程等。每类课程涉及不同的项目。比如学科发展课程包括基础提升课程，也就是学困生的补弱类课程；也包括兴趣发展课程，也就是中等生的兴趣发展类课程；还包括不同类别特长发展课程，也就是为学有余力的学生提供高端需求类课程。再比如劳动课程，除有大扫除和志愿者活动外，还有劳动歌曲欣赏、建筑模型制作、面食制作等课程。又比如科技课程包括科学实践活动、科学探究项目等。另外，还有体能提升、体育爱好者俱乐部等体育课程等。这一时段的课程充分体现了五育并举、促进学生全面健康发展的理念。2022 年，全年共开设 127 门课程，其中，学科类课程占 40 门，体育类课程占 27 门，科技类课程占 18 门，心理类课程占 5 门，艺术类课程占 21 门，劳动教育类课程占 12 门，思维提升类课程占 4 门。这一时段的学生参与率保持在 66% 左右。

第三时段为暖心时段，指的是学校提供的延时服务。在此期间，学校提供晚餐、自习托管、自主锻炼和自主阅读等服务。参加延时服务的学生，在食堂用餐之后可以原地学习等待家长，也可以到阅览室学习、阅读，到操场自主锻炼。学校为初三学生提供了晚自习服务。

我校课后服务工作的设计与实施，在全市产生了一定的影响和示范作用。目前有涉及课后服务工作的市级课题成果一项、区级课题成果两项。发表关于课后服务工作的文章两篇。2021年，由市、区教委组织，在我校召开"双减"工作现场会，校长尚建军在会上做了有关课后服务工作整体设计与实施情况的汇报，北京电视台采访了尚建军校长，并在新闻中播放了我校课后服务开展时的场景。

（二）具体措施

1.通过增强课内学习获得感，减轻过重学业负担

（1）加强主题校本教研，提升课堂学习效果。"双减"政策的落地推动我校进入教学研究的"快车道"。学校主要在三个方面加强研究，即课堂分类研究、"学习课堂"实施策略研究、"教学评一体化"研究，核心指向课内提质。

第一，课堂分类研究。我校把课堂分为起始课、新授课、总结课、复习课、试卷讲评课、常态课、研究课等，分别在不同时间段聚焦不同课型，探索不同课型教学的差异和提升教学质量的有效策略。例如，2022年秋季学期，在初三年级组织开展了试卷讲评课专题研究活动。该活动从研讨和培训开始，历经研磨、展示研究课，专

家团队听评课交流，全员再培训等环节，旨在切实提高试卷讲评课的效率。2022年秋季学期，面对新冠疫情的影响，学生居家在线学习，如何提升线上教学实效性，是困惑很多教师的问题。为此，学校组织开展了线上教学策略研讨会，研讨在线课堂教学的有效策略，包括课后服务如何在线开展的问题。

第二，"学习课堂"实施策略研究。在"学习课堂"主题研究中，强调以学生的学习为中心开展课堂教学研究，目标更加聚焦学生学习的获得感。例如，初二英语备课组以打造深度学习型课堂为目标开展研究，几位教师分别从"进阶式问题的设置""生活情境的设置""思维导图的构建""以学定教现场生成的运用"等角度，进行课堂教学实践研究，取得了非常好的效果。

第三，"教学评一体化"研究。把学生的学习放在中心位置，通过教、学、评促使学生更好地通过课堂学习获取知识和提高能力，健康成长。例如，初二学部教研组，在期中考试后的教研小结中，提出几点课堂增效、课后减负的措施建议，包括以组织形式的变化调动学生的课堂参与度和习得感，布置差异化的学习任务等措施。他们认为，这些措施是减轻作业量的有效措施，是对提高学生课堂学习获得感的有效探索。学校课程教学评价处组织开展主题为"'双减'背景下教学评一体化教学"的研讨会，请初高中所有备课组在实践探索的基础上总结、交流提升课堂教学实效、减轻学生课后学业负担的有效策略。

为发挥课题的引领作用，探索构建课后服务素养课程体系，充分挖掘系统化课程的育人作用，我申报了北京市教育科学"十四五"规划2022年优先关注课题"中小学课后服务提质增效研究"。2022年10月举行开题报告会，目前，课题正处于实践研究阶段。以课题研究为引领，推进学校整体教育生态重构，有效促进课后服务素养课程提质增效。

（2）加强作业调控，系统控制作业总量和难度。作业是学习、指导、评价的重要方式之一，其价值是不言而喻的，但是过量、过难往往会适得其反。"双减"的目标之一是把学生作业总量减下来、难度降下来。我们升级完善了学校原有的作业管理制度（包括作业公示制度），形成学部有每天、每周作业总量和难度调控机制，课程教学评价处有每周、每月（包括各种假期）作业汇总监控反馈机制。在作业公示方面，从形式到内容坚持整体规划，把作业公示栏作为一个教育园地，要求形式上美观、清晰，内容上对难度、数量进行控制，类型上体现层次性和弹性。

2.通过增强课后服务获得感，减轻校外教育培训带来的负担

（1）构建课后服务课程体系。课后服务主要提供个性化、可选择的菜单式项目课程，具有丰富、系统、分类、分层、自愿、自主等特点。具体分为三个时段，每个时段承担不同的功能。第一个时段是学习时段，第二个时段是多元时段，第三个时段是暖心时段（具体内容见前文）。

（2）课内课后一体化统筹。学校的课后服务与课堂教学形成延伸和互补的关系。课堂教学落实国家必修课程，高质量完成规定内容。

课后服务提供个性化、可选择的课程，但不是另起炉灶，与课堂教学完全割裂，而是从延伸、补充、提高、补弱等角度，与其形成一体化的大课程形态。

例如，学习时段是课堂教学的延伸，以解决课内学习问题为指向，重点放在复习和写作业上，实现把重要的学习时段放在校内的目标，从而减轻家长"盯作业"的负担和避免产生相关的亲子矛盾。

再如，多元时段是对课堂教学的补充。学科发展课程是课堂教学的再延伸，可以补弱，能够提高学生素养，进一步解决因材施教的问题。这一时段还有劳动课程、科技课程、体育课程、艺术课程、心理健康课程等。"双减"政策实施以来，学校课后服务学生参与率稳定在96%，越来越多的学生受益于课后服务。

三、展望未来

我校课后服务学生的参与率高达96%，学生和家长的获得感增强，学校教育生态发生了积极变化，学校的教育供给广度和时间长度都增加了。我们也在思考改进课后服务，比如，我们要思考如何满足优秀学生更加个性化的发展需求，要思考如何开展国家战略性拔尖人才的培养等。北师大实验中学的课程和师资团队在很多方面具有传统优势，比如体育拔尖人才和基础学科拔尖人才的培养，游泳队、排球队、田径队是北京金奥运动队，五大学科竞赛都有非常好的基础，也取得了突出的成绩。对于课后服务功能的升级，针对各类拔尖创新人才的培养，我校深入探索，希望利用课后服务的时间，面向集团学校和学区的学生，构建贯通人才培养模式（实现小学高年级、初中、高中、大学贯通），以更好地服务于国家人才培养战略。

立足长远，精细设计

根据市、区教委通知要求，现将我校2022~2023学年第二学期"双减"工作主要内容总结如下。

2022年，落实"双减"政策工作中，我校在课内提质增效、减轻学生作业负担、统筹推进课后服务总体设计等方面，取得了一定成效，学生参与率、学生及家长满意率高。本学期，我校在坚定遵循学校课后服务总体方案不变、动态微调的原则下开展课后服务工作。原有的优势，如课后服务领导小组、学生参与原则、部门职责、课程设计指导思想、注重研究、联动课内课后提质等指导思想和重要工作措施，继续发挥作用。同时，在进一步满足学生多样化发展需求、加强学校教育引领方面，深化细化工作措施，更好地满足学生的多样化长远发展需求。

一、细化学生多样化发展需求

从上学期组织开展的课后服务学习需求调研情况看，本届学生有明显的不同特点。首先，体现在有意向选学学考课程的学生人数较多，如选学数学和英语等的学生人数比往年多，这或许与本学期各类考试较多有关。其次，选学满足个性化发展需求课程的学生人数较多，且他们的愿望更加迫切，如选学体能提升课、书法课的学生较多。最后，特长学生更加渴望学校能够开设满足他们发展需求、方便他们学习的课后服务课程。

本学期开学初的学生选课结果与上学期调研情况基本一致。如初一年级，对于数学课，全年级有800多人，选学的学生有700多人；对于体能提升课、兴趣课，根据学生选课结果，我校适当增加了教学班。初二年级和初三年级，学生选学的课程呈现相同特点，选学学考课程的学生人数增多，发展需求更加多元化。根据学生选学课程结果、学生及家长提出的建议，我校统筹教研组、备课组、学部力量，细化学生发展需求，开设更能满足学生需求的课程。课后服务设计思路见图1-1。

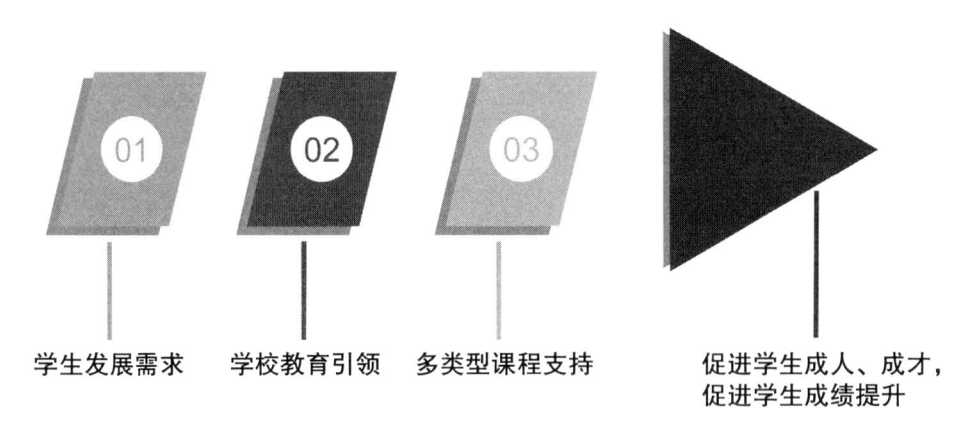

01 学生发展需求　　02 学校教育引领　　03 多类型课程支持　　→ 促进学生成人、成才，促进学生成绩提升

图1-1　课后服务设计思路

二、深耕学校教育引领作用

基于我校当前不同学段学生发展需求的具体特点，遵循人才成长规律，贯彻落实国家教育政策（包括培养拔尖创新人才的战略），针对课后服务，我校深耕教育引领作用。在学生发展目标上，强化成绩、成人、成才理念，即在保障学生当下学业成绩稳步提升的同时，通过课程设计、活动开展，引领学生成人、成才。在具体措施上，明确提出增强学科教学的针对性和实效性，包括分组团满足不同学生的发展需求，体现层次性。在数学、英语、语文、地理等学科课后服务课程设计方面，我校初中三个年级开设了基础提升课、兴趣发展课、强化发展课等。在兴趣课程设置上，在本学期，初一年级开设了17门课程，初二年级开设了10门课程。

以初二年级的学科课后服务课程设计为例：语文学科分为1~10班和11~20班两个组团，每个组团分为11个班层，即10个提高班和1个基础班；数学学科分为1~10班和11~20班两个组团，每个组团分为9个班层，即8个提高班和1个基础班。依据分层授课的总体原则，在周三时段17∶00~17∶40（语文学科1~10班组团+数学学科11~20班组团）和周四时段17∶00~17∶40（语文学科11~20班组团+数学学科1~10班组团），提供课后服务。语文学科提高班面向A、B等级学生，以提升其阅读能力；基础班面向C、D等级学生，以使其巩固语文基础知识。数学学科提高班重在培养学生的思维能力，基础班重在使学生巩固数学基础知识等。

三、课后服务效果及存在问题

从整体情况来看，本学期的课后服务工作更加细化，更加着眼于满足不同学生的发展需要。第一时段的学生参与率在96%左右，第二时段的学生参与率在80%左右，比之前有所提升。学生更愿意留在学校完成作业，更愿意选学学校开设的课后服务课程。但如何利用课后服务培养拔尖创新人才，仍然是需要不断探索的问题。

第二章　北师大实验中学课后服务规划

本章介绍北师大实验中学课后服务规划。

初始阶段，学校并未将课后服务纳入学校教学体系，管理、课程都属于相对独立的状态，随着课后服务工作开展的深入，学校逐步将其纳入学校教学体系，具体表现如下：

（1）课后服务素养课程体系被纳入学校整体课程体系，具体情况见图 2-1。

（2）课后服务拓展至高中。虽然按照国家要求，"双减"政策及课后服务主要指向义务教育阶段，但在北师大实验中学的课后服务素养课程体系建设过程中，相关课程既面向属于义务教育阶段的初中，也面向非义务教育阶段的高中，学校希望通过整体设计，让全校同学都能受益。

（3）将早管理、晚自习等纳入课后服务的管理范畴，建立北师大实验中学的整体时空管理模式。此处需要作一特别说明：早管理、晚自习都是学校为学生提供的时空服务，学生自愿参与，并非学校要

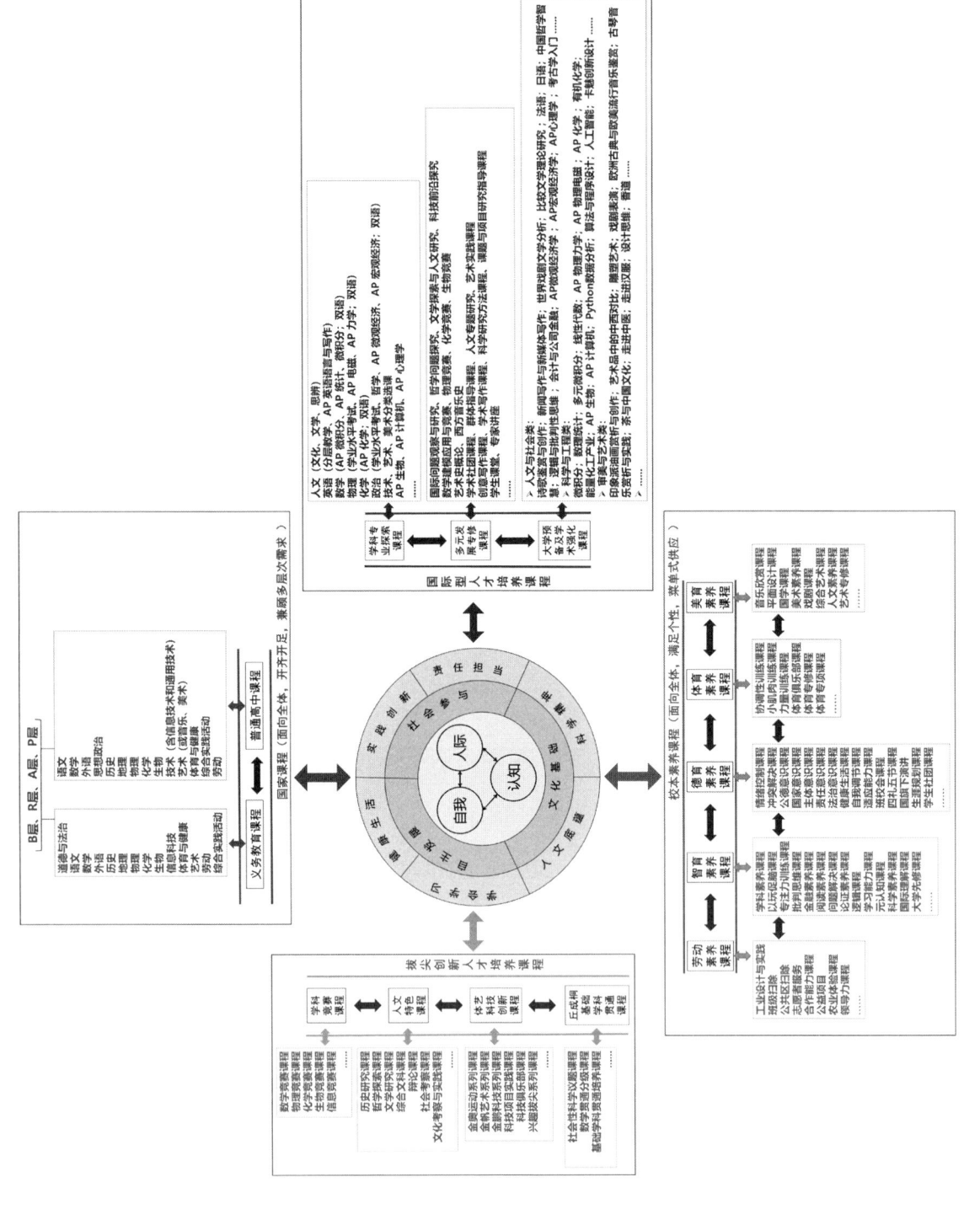

图 2-1 学校整体课程体系中的课后服务素养课程体系

求。因为其参与逻辑与课后服务类似，所以，学校从统筹的角度出发将其纳入课后服务的管理范畴，但是，它们并非真正意义上的课后服务，因为按照政策要求，早管理、晚自习都不属于课后服务。

下面，把我校进阶版课后服务方案与基本安排呈现出来，以供大家参考（第一章介绍了"双减"政策发布后初始阶段我校的课后服务的情况，本部分的方案与基本安排在此基础上进行了改进）。

北师大实验中学课后服务工作方案

坚持以习近平新时代中国特色社会主义思想为指导，全面贯彻落实党的教育方针，根据北京市《关于进一步减轻义务教育阶段学生作业负担和校外培训负担的意见》和西城区教委关于"双减"工作的通知等文件及会议精神，结合我校实际，北师大实验中学进一步优化校内育人生态，制定学校课后服务方案。

一、总体目标

全面落实中央和北京市"双减"工作决策部署，把课后服务纳入学校整体工作范围进行规划，统筹资源，通过提升校内教育服务质量，提高学校育人水平，进一步减轻学生学习负担，提升学生学习品质，深入落实学校全面发展、学有所长的育人目标。

二、工作原则

（一）课内课后统筹，初高中一体化系统设计，促进学生发展，瞄准高考（申请），达到即时学业要求。

（二）提供菜单式课程项目，促进学生德、智、体、美、劳全面发展，同时满足学生多样化的兴趣需求。

（三）面向全体，不赶进度，自愿参加。

（四）精准施策，提质增效。

三、课后服务时段界定及基本内容

（一）早管理时段：工作日 7：40~8：00

早管理时段的基本内容包括收发作业、状态调整、自主诵读、课前准备等，具体由学部协调各学科组根据学生实际需要进行安排。

（二）课后拓展时段：初中，工作日 15：20~17：40；高中，工作日 16：10~17：40

初中课后拓展时段的基本内容包括：周一、周三、周四、周五 15：20~16：50 学业指导、学科提升，17：00~17：40 兴趣发展、体能提升、自主学习；周二 15：20~17：40 德智体美劳素养提升、兴趣发展、自主学习。具体安排由"初中教育教学一体化工作组"整体协调，由学校多部门合作落实。

高中课后拓展时段的基本内容包括：16：10~17：10 学业指导、学科提升、评估测练，17：10~17：40 兴趣发展、体能提升、自主学习。具体安排由"高中教育教学一体化工作组""国际部教育教学一体化工作组"整体协调，由学校多部门合作落实。

特别说明：

（1）周二下午课后拓展时段为学校教师集体学习时间，初高中均不在此时段安排较多本校教师参与的课程。

（2）具体课程内容与时长在实施中可根据需要适当微调。

（3）初三、高三可根据需要对课后拓展时段进行统筹安排。

参与课后拓展时段服务的老师如果有工作餐需求，可提出申请，参照晚自习时段的标准实施。

（三）晚自习时段：初三，工作日18：40~20：00；高一、高二，工作日18：10~20：30（具体分为两个时段：18：10~19：10、19：25~20：30）；高三，工作日18：30~21：00（具体分为两个时段：18：30~19：40、20：00~21：00）

晚自习时段的基本内容包括：初三、高三，自主学习、答疑指导；高一、高二，自主学习。

特别提示：

（1）初三、高三可以根据需要在晚自习时段进行答疑指导安排，答疑指导由学部协调各学科组根据学生实际需要进行安排，建议根据具体需求定时段、定地点安排答疑指导，不推荐晚自习时段全都进行答疑指导。

（2）参与晚自习时段课后服务的老师如果有工作餐需求，由"初中教育教学一体化工作组""高中教育教学一体化工作组""国际部教育教学一体化工作组"制定标准，学部做出预算，学校多部门合作落实。

特别说明：

（1）17：50~21：00，学校为初一、初二部分有需要的学生提供延时托管服务。

（2）如遇节假日调休，课程项目按对应的周内工作日开展。

四、课后服务项目说明

（一）学业指导

学业指导包括"有关学习方法、学业发展的专业指导"和"对有作业焦虑同学的作业答疑辅导"。

"有关学习方法、学业发展的专业指导"是基于学段特点并根据学生即时状态为学生提供的专业指导，可以用课程形式开展，也可以用讲座或活动形式开展。

"对有作业焦虑同学的作业答疑辅导"是依据学生具体情况和需求，对有作业焦虑的同学进行的指导，可以采用"先给学生时间完成作业（全部或部分），然后再针对作业进行基础辅导"的方式进行。

（二）学科提升

学科提升包括"学科分层辅导"和"学科特长提升"。

"学科分层辅导"是相关学科教师在对学生进行精准评估后，根据不同学生的学习需求进行的分层课业辅导，具体辅导内容与形式请各学科备课组进行研判并细化实施。

"学科特长提升"涉及针对学有余力、学有特长的学生开设的学科类拓展课程，包括学科培优课程、学科竞赛课程、创新培养课程（含贯通课程）等。

（三）兴趣发展

兴趣发展涉及"科学、技术、艺术类兴趣发展课程""科学、技术、艺术类特长学生训练"和"学生社团活动"。

"科学、技术、艺术类兴趣发展课程"是面向全体学生开展的自选类兴趣发展课程，具体包括科学类兴趣发展课程、技术类兴趣发展课程和艺术类兴趣发展课程，相关安排由"初中教育教学一体化工作组""高中教育教学一体化工作组""国际部教育教学一体化工作组"整体规划，由学校多部门共同协调资源，合作落实。

"科学、技术、艺术特长学生训练"是面向科学、技术、艺术方面具有特长的学生开设的，相关安排由学生实践创新中心协调多部门资源，合作落实。

"学生社团活动"是依托学校学生社团组织开展的兴趣发展活动。学校的学生社团是学生根据兴趣自发组织起来的学生组织，社团活动为学生兴趣的发展提供了重要平台。相关安排由"初中教育教学一体化工作组""高中教育教学一体化工作组""国际部教育教学一体化工作组"整体规划，由学生教育指导处协调多部门资源，合作落实。

（四）体能提升

体能提升涉及"体育特长学生训练""体育类兴趣发展课程"和"体能提升课程（活动）"。

"体育特长学生训练"是面向在体育方面具有特长的学生开设的，相关安排由学生实践创新中心协调多部门资源，合作落实。

"体育类兴趣发展课程"是面向全体学生开展的自选类体育兴趣发展课程，相关安排由"初中教育教学一体化工作组""高中教育教学一体化工作组""国际部教育教学一体化工作组"整体规划，由学部和课程教学评价处协调相关体育备课组具体落实。

"体能提升课程（活动）"是针对部分有体能提升需求的学生开设的体育训练课程（活动），相关安排由学部和课程教学评价处协调相关体育备课组具体落实。

（五）德智体美劳素养提升

德智体美劳素养提升即"北师大实验中学课后服务素养课程"，具体包括"德育素养课程""智育素养课程""体育素养课程""美育素养课程""劳动素养课程"，旨在以"学生发展需求"为基点，通过有规划地组织实施，激发学生内动力，促进学生素养提升，助力学生全面发展。具体落实形式为：以学期为单位进行规划，采用"多元兴趣资源提示（包括专家讲座、优质资源普及性供应、外出实践活动等）组织资源，进行兴趣小组式的指导与深入"的方式进行落实。相关安排由"初中教育教学一体化工作组""高中教育教学一体化工作组""国际部教育教学一体化工作组"整体规划，由课程教学评价处、学生教育指导处和学部共同协调资源，合作落实。

（六）评估测练

评估测练是针对高中学习和毕业年级的需求，由相关学科教师有组织地对学生开展具有较强针对性的规模化测试评估练习。相关安排由"初中教育教学一体化工作组""高中教育教学一体化工作组""国际部教育教学一体化工作组"整体规划，由课程教学评价处和学部协调相关学科备课组具体落实。

（七）自主学习

自主学习是学生个体的一种主动且积极自觉的学习行为，是学习过程中不可或缺的一部分，更是激发学生内动力、培养学生非智力能力的重要手段。

（八）答疑指导

答疑指导不但能够帮助学生把某个题目弄明白，还会通过答疑发现学生知识链条中的盲点。建议采用"主动答疑＋互动答疑"的方式。

所谓"主动答疑"即当学生有问题请教时，老师不要急于讲解，而是先问问"学生在做这道题时是怎么想的，在哪步卡壳了，是不知道如何立意还是知道要写什么但不知道从何下笔"。通过主动发问，弄清楚学生的症结所在，如果有知识盲点，则可以先进行补充，然后再针对题目答疑。

所谓"互动答疑"即给出两个或多个选项，让学生从中选择。如当学生写作不会立意时，老师首先可以补充审题的相关方法，之后针对这个题目给出几个立意，其中，一个是最优的，一个是按照学生的错误思路设计的，一个虽然不错但是属于次级立意。当学生选择正确选项后，老师要与其进一步互动，即问问学生选择的原因，以及另外的选项错在哪里。这样一来一回的交流可以让学生真正"知其所以然"。

五、实施程序

课后服务工作的实施程序如下。

（1）开学前，完成课后服务项目课程设计、师资准备、场地准备等工作。

（2）面向教师、学生和家长宣讲课后服务政策，引导家长或学生利用数字校园选课平台进行课后服务课程选择。课程项目负责教师、班级和学部完成学生选课审核，学校（主管部门）核准备案学生选课名单。

（3）开学后，立即启动课后服务。

（4）每月按时完成课后服务相关数据统计及上报工作。

（5）学期结束前，家长或学生参与完成课后服务项目评价及下学期课后服务需求调研。

六、保障措施

课后服务工作的保障措施包括组织保障、经费保障和安全保障三个方面。

（一）组织保障

（1）学校成立课后服务工作领导小组，负责课后服务工作总体决策。

（2）建立执行协调小组，负责课后服务工作的具体协调工作。

（3）组织原则：在现有组织架构内统筹实施、整体谋划、系统解决、打造体系、构建生态。

（二）经费保障

学校为课后服务提供相应经费保障。校内教师参与课后服务单独计费，如工作量不满，可申请计入工作量（不单独计费）。校外教师酬金参考校内教师标准，可适当调整。

（三）安全保障

将学生安全教育和安全管理纳入学校常规管理体系，并加强巡视。

七、相关部门职责

（一）课程教学评价处

课程教学评价处的职责如下：

（1）统筹课后服务各类课程（活动）设计、师资、场地调配和经费预算申请。

（2）安排专人每天巡视课后服务整体开展情况，加强课后服务教学监管。

（3）协调课后服务课程（活动）教学效果评价、课程（活动）调整等工作。

（二）学生教育指导处

学生教育指导处的职责如下：

（1）统筹设计德育素养课程、学生社团活动等相关课程（活动），并负责师资调配和经费预算申请。

（2）安排专人每天巡视课后服务相关课程（活动）和学生社团活动开展情况。

（3）指导、帮助学部落实课后服务期间学生常规管理工作。

（三）学生实践创新中心

学生实践创新中心的职责如下：

（1）统筹设计科学、技术、艺术、体育特长学生训练等相关课程（活动），并负责师资调配和经费预算申请。

（2）加强对科学、技术、艺术、体育特长学生训练的过程监管。

（四）信息化与数字资源中心

信息化与数字资源中心为学校课后服务提供学生选课平台、开课管理平台和学生考勤管理平台等信息技术服务。

（五）初中各学部

初中各学部的职责如下：

（1）参与学校课后服务方案设计，细化本学部课后服务具体实施方案。

（2）向学生和家长宣传学校课后服务工作内容，指导和组织学生参与课后服务课程（活动）。

（3）协调落实学科学业指导、学科提升、兴趣发展、体能提升、德智体美劳素养提升、自主学习等课程（活动）的开展。

（4）调研学生兴趣发展意向、组织学生参与课后服务项目课程（活动）评价。

（六）高中各学部

高中各学部的职责如下：

（1）参与学校课后服务方案设计，细化本学部课后服务具体实施方案。

（2）向学生和家长宣传学校课后服务工作内容，指导和组织学生参与课后服务课程（活动）。

（3）协调落实学科学业指导、学科提升、评估测练、兴趣发展、体能提升、自主学习、答疑指导等课程（活动）的开展。

（4）调研学生兴趣发展意向、组织学生参与课后服务项目课程（活动）评价。

（七）国际部各学部

国际部各学部的职责如下：

（1）参与学校课后服务方案设计，细化本学部课后服务具体实施方案。

（2）向学生和家长宣传学校课后服务工作内容，指导和组织学生参与课后服务课程（活动）。

（3）协调落实学科学业指导、学科提升、评估测练、兴趣发展、体能提升、自主学习、答疑指导等课程（活动）的开展。

（4）调研学生兴趣发展意向、组织学生参与课后服务项目课程（活动）评价。

（八）服务保障中心

服务保障中心为学校课后服务工作的开展提供安全保卫、基础设施保障等相关内容的支持与服务。

八、外聘教师要求

引入的社会教育资源和外请的教师，需具备相应资质或资格，教师入校上课前需接受学校组织的岗前培训。任课教师需具备以下条件：

（1）拥护中国共产党领导，积极贯彻党和国家教育方针政策，依法履行教师职责。

（2）尊重关爱学生。既严格教育学生，又尊重学生人格，平等公正地对待学生，耐心细致、循循善诱，不拒绝学生的合理要求，不讽刺、挖苦、歧视学生，不体罚或变相体罚学生。

（3）仪容仪表符合学校教育教学岗位的要求。

（4）认真进行课堂管理，准确记录学生考勤情况，课前收齐学生手机以进行集中管理，保障课堂有序进行，组织学生维护场地环境卫生。

（5）严格遵守工作时间，不无故缺席、迟到、早退，如需请假，应至少提前一天按程序申请。

九、学生考勤管理办法

基于学生人身安全和课后服务有序开展的需要，选择参加课后服务的学生需遵守学校管理规定。任课教师需按要求对参加课后服务的学生做好考勤管理及相应工作。具体内容如下：

（1）参加课程（活动）学习的学生，需按时到达相应地点，不迟到、不早退，遵守管理规定。如不遵守管理规定，经教育后没有改变，则不能继续参加本学期相应课后服务项目。

（2）参加课后服务的学生，如需请假，参看学校《学生手册》中学生考勤制度内容，至少提前 1 天向班主任和任课教师提交申请，同时在校园网或智慧校园 App 内填写个人请假信息（如学生或家长无法及时网填请假信息，则由相应管理教师代填）。未经请假批准缺勤 3 次，则不能继续参加本学期相应内容的课后服务项目。

（3）如需调整选学课程，需在学期期中阶段提出书面申请并将其交给班主任，班主任将其交由学部调整。

（4）当天课后 30 分钟内，任课教师需在校园网或智慧校园 App 内确认学生考勤情况。

（5）在课后服务期间，任课教师将未经请假或请假未获批准的缺勤学生信息（任课教师先核实或确认情况）反馈给相关管理人员（如班主任或巡视管理人员）以核实情况。

十、晚自习管理规定

（一）晚自习时间、地点

初一、初二暂不开设晚自习，初三晚自习时间为：18：30~20：00。

高一、高二晚自习时间为：18：10~20：30。

高三晚自习时间为：18：30~21：00。

自习地点：规定教室。

（二）晚自习具体要求与规范

晚自习具体要求与规范如下：

（1）学生自愿报名参加晚自习，提出书面申请并签订晚自习安全协议。

（2）在规定时间到达自习室，按规定座位就坐；爱惜公物。

（3）晚自习期间保持自习室安静，不大声喧哗，不随意走动，以免影响其他同学学习。晚自习期间，不讨论问题，自觉维护晚自习秩序。

（4）晚自习期间不得使用手机等电子产品。手机等电子设备须放到手机之家等指定位置，以进行集中管理。各类食品、饮料（饮用水除外）等不得带入自习室。

（5）晚自习累计迟到3次警告一次，累计迟到5次将被劝退。累计旷课2次将被劝退。顶撞、侮辱晚自习值班教师，不服从管理的学生将被劝退（对于情节严重者，通报批评或按学校规定处理）。被劝退的学生将被取消本学期内的晚自习申请资格。

（6）晚自习结束后，须及时收走个人所带物品，保持自习室卫生。

（7）晚自习结束后，须及时回家，在回家途中注意安全，不准在外逗留。应提高安全意识，确保离校后人身安全。

（8）需请病假或事假的学生，由家长在当天17：00之前向学部负责老师请假，注明班级、姓名、请假原因。如未按要求请假按旷课处理。晚自习期间如有重要事情可与晚自习值班教师联系。

（9）晚自习期间，学校安排行政干部、学部负责教师和校医等人员值班，维护校园安全。

十一、教师工作量统计办法及薪酬标准

（一）类别标准

课后服务教师分为教学类教师和管理类教师。

（1）教学类教师涉及学业指导课程、学科提升课程、兴趣发展课程、体能提升课程、德智体美劳素养提升课程。

（2）管理类教师涉及自习辅导、值班答疑、晚自习巡视、电教教师和实验员延时服务、初中学部课后评估测练、高中学部课后评估测练。

①课程教学评价处、学生教育指导处、学部，每天每部门安排一人值班巡视；电教老师、实验员按需值班，由备课组提出需求并统计。

②值班巡视和延时服务均从 17∶10 开始统计。

③17∶40 以后，除托管外，不安排有组织的课后服务课程和活动，不进行薪酬统计。

④从弹性上下班制和教师权益保障的角度出发，原则上，教师（含教学类教师和管理类教师）个人参与课后服务的周课时总量不超过 4 课时。

⑤每周二采用巡视方式管理，各年级协调安排 2 位负责老师、1 位教导员巡视。如遇有教学类课程（原则上不安排教学类课程），安排优师计划教师、集团学校轮岗教师或外请教师上课。优先保障任

课教师参加学部、教研组和学校组织的集体活动。

（二）充抵课时认定

充抵课时认定办法如下：

（1）"不满工作量"的认定：特指由学校安排造成的结构性缺课情况，由于个人原因不满工作量的情况除外。

（2）选择充抵工作量：原则上某类课程的全部课时都用于充抵工作量，不再单独计酬，不得将同类课程的课时数切割计酬。

（3）可充抵课时的类型：对于教学类课后服务，一节充抵基础工作量一课时；对于管理类课后服务中的自习辅导和晚自习，两节充抵基础工作量一课时。充抵课时须以学期为单位，周课时量固定。

（4）充抵课时上限：原则上，周内最多充抵基础工作量两课时，如充抵两课时后仍达不到工作量下限，则不适于用课后服务充抵工作量。

（5）充抵课时适用年级：适用于所有学部，本学部优先安排，也可跨学部安排。

（6）申请程序：由符合上述条件（1）"不满工作量"的教师本人向课程教学评价处提出申请，课程教学评价处认定后转教师所在学部安排。能否安排视学部管理需求确定。

（三）工作量统计流程

课后服务项目工作量统计流程见图2-2。

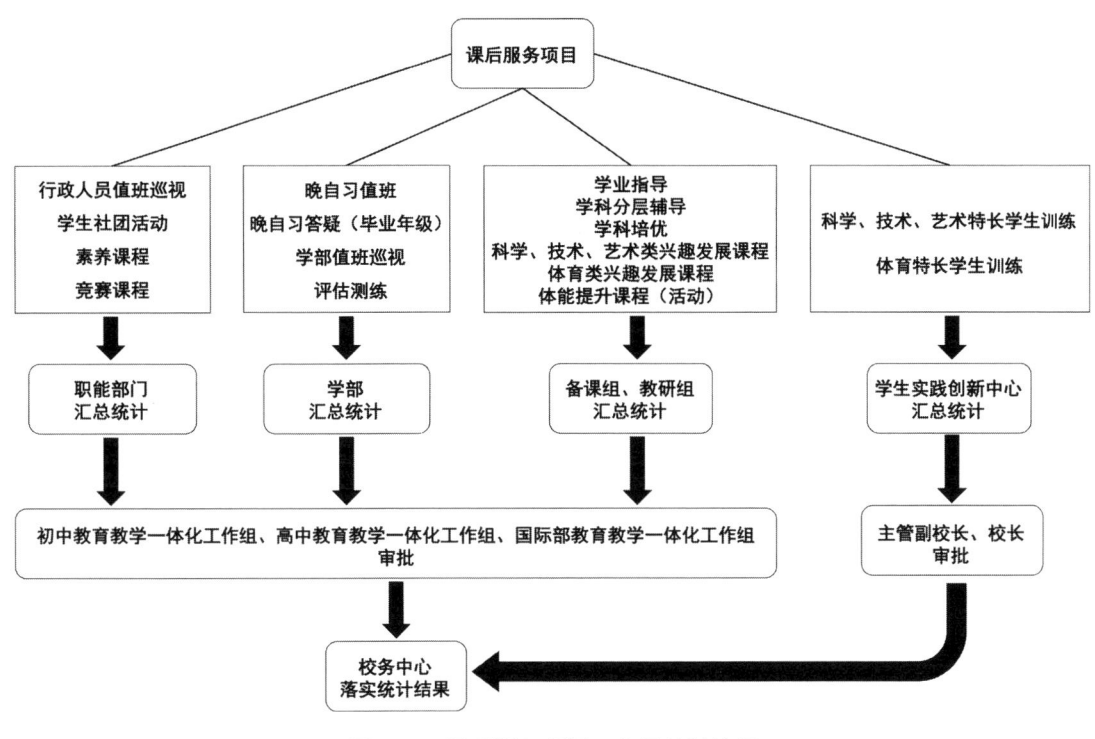

```
                          ┌─────────────┐
                          │ 课后服务项目 │
                          └──────┬──────┘
        ┌────────────┬──────────┼──────────┬────────────┐
┌───────┴───────┐ ┌──┴──────────┐ ┌────────┴────────┐ ┌─┴──────────────┐
│ 行政人员值班巡视 │ │ 晚自习值班    │ │ 学业指导         │ │ 科学、技术、艺术│
│ 学生社团活动    │ │ 晚自习答疑    │ │ 学科分层辅导     │ │ 特长学生训练    │
│ 素养课程       │ │ （毕业年级）  │ │ 学科培优         │ │ 体育特长学生训练│
│ 竞赛课程       │ │ 学部值班巡视  │ │ 科学、技术、艺术 │ │                │
│              │ │ 评估测练     │ │ 类兴趣发展课程    │ │                │
│              │ │             │ │ 体育类兴趣发展课程│ │                │
│              │ │             │ │ 体能提升课程（活动）│ │               │
└───────┬──────┘ └──────┬──────┘ └────────┬────────┘ └────────┬──────┘
    ┌───┴────┐      ┌───┴────┐        ┌────┴────┐         ┌────┴────────┐
    │ 职能部门 │      │ 学部    │        │ 备课组、 │         │ 学生实践创新 │
    │ 汇总统计 │      │ 汇总统计 │        │ 教研组   │         │ 中心         │
    │        │      │        │        │ 汇总统计 │         │ 汇总统计     │
    └───┬────┘      └───┬────┘        └────┬────┘         └────┬────────┘
        │               │                   │                    │
┌───────┴───────────────┴───────────────────┴────┐          ┌────┴──────┐
│ 初中教育教学一体化工作组、高中教育教学一体化工作组、│          │ 主管副校长、│
│ 国际部教育教学一体化工作组                       │          │ 校长       │
│ 审批                                            │          │ 审批       │
└─────────────────────┬──────────────────────────┘          └────┬──────┘
                      │                                            │
                  ┌───┴─────┐                                      │
                  │ 校务中心 │◄─────────────────────────────────────┘
                  │ 落实统计结果│
                  └─────────┘
```

图 2-2　课后服务项目工作量统计流程

《教师工作量统计办法及薪酬标准方案》自 2023 年 9 月 1 日起执行。

北师大实验中学非毕业年级课后服务时间与课程统筹安排

1. 北师大实验中学课后服务时间与课程统筹安排（初一）

授课时间段	课程设置				
	周一	周二	周三	周四	周五
15:20~16:00	语文、数学、英语课后作业指导与答疑【分层实施】	1.校本素养课程：（1）体育素养课程（2）美育素养课程（3）德育素养课程（4）劳动素养课程（5）智育素养课程 2.体能训练课程【菜单式选择实施】	语文、数学、英语课后作业指导与答疑【分层实施】	语文、数学、英语课后作业指导与答疑【分层实施】	1.生物、地理、历史、道法学科素养提升（含学科兴趣小组活动） 2.体能训练课程【菜单式选择实施】
16:10~16:50	语文、数学、英语学科素养提升【分层实施】		语文、数学、英语学科素养提升【分层实施】	语文、数学、英语学科素养提升【分层实施】	
17:00~17:40	1.体育俱乐部课程 2.校本素养课程（含德智体美劳素养课程）【菜单式选择实施】 3.基础学科拔尖创新课程（竞赛课程、人文特色课程、贯通课程） 4.体艺创新培养课程【选拔实施】	1.学生社团活动；【菜单式选择实施】 2.劳动教育：大扫除	1.体育俱乐部课程 2.校本素养课程（含德智体美劳素养课程）【菜单式选择实施】 3.基础学科拔尖创新课程（竞赛课程、人文特色课程、贯通课程） 4.体艺创新培养课程【选拔实施】	1.体育俱乐部课程 2.校本素养课程（含德智体美劳素养课程）【菜单式选择实施】 3.基础学科拔尖创新课程（竞赛课程、人文特色课程、贯通课程） 4.体艺创新培养课程【选拔实施】	1.体育俱乐部课程 2.校本素养课程（含德智体美劳素养课程）【菜单式选择实施】 3.基础学科拔尖创新课程（竞赛课程、人文特色课程、贯通课程） 4.体艺创新培养课程【选拔实施】

续表

授课时间段	课程设置				
	周一	周二	周三	周四	周五
其他时段（如跨时段需求、17:40后延长、晚自习等）	1.基础学科拔尖创新课程（竞赛课程、人文特色课程、贯通课程） 2.体艺创新培养课程 3.某些有需求的校本素养课程	1.基础学科拔尖创新课程（竞赛课程、人文特色课程、贯通课程） 2.体艺创新培养课程 3.某些有需求的校本素养课程	1.基础学科拔尖创新课程（竞赛课程、人文特色课程、贯通课程） 2.体艺创新培养课程 3.某些有需求的校本素养课程	1.基础学科拔尖创新课程（竞赛课程、人文特色课程、贯通课程） 2.体艺创新培养课程 3.某些有需求的校本素养课程	1.基础学科拔尖创新课程（竞赛课程、人文特色课程、贯通课程） 2.体艺创新培养课程 3.某些有需求的校本素养课程

备注说明：

1. 语文、数学、英语课后作业指导与答疑及学科素养提升由备课组根据学段特点安排，具体时间安排由学部统筹。

2. 校本素养课程、体能训练课程、体育俱乐部课程、学生社团活动与生物、地理、历史、道法学科素养提升课程根据学生需要以学期为单位选课实施。

3. 基础学科拔尖创新课程（竞赛课程、人文特色课程、贯通课程）、体艺创新培养课程、某些有需求的校本素养课程针对更小群体的需要，以学期为单位选拔实施。

4. 学科阶段性集中测练请在学期初做好学期的整体安排，阶段性集中测练在周一、周三、周四 15：20~16：00、16：10~16：50 时间段进行，语文、数学、英语科目每月不超过 1 次测练（有期中、期末测试的月份不安排学科阶段性集中测练）；其他科目除期中、期末考试外采用课堂过程性测练的方式进行。

5. 中考考查科目的期中测试安排在"中考考试科目的期中测试"后一周或两周的课后服务时段进行。

6. 课后服务时间要加强作业指导与答疑，加强学科素养提升，不走进度，注意控制利用"指导、答疑、学科素养提升"时间进行测练的量。

7. 课后服务以学生自愿参与为原则，在各时段有自习需求的学生可到阅览室或学部指定教室自习。

2.北师大实验中学课后服务时间与课程统筹安排（初二上学期）

授课时间段	课程设置				
	周一	周二	周三	周四	周五
15：20~16：00	语文、数学、英语课后作业指导与答疑【分层实施】	1.校本素养课程： （1）体育素养课程 （2）美育素养课程 （3）德育素养课程 （4）劳动素养课程 （5）智育素养课程 2.体能训练课程 【菜单式选择实施】	语文、数学、英语课后作业指导与答疑【分层实施】	语文、数学、英语课后作业指导与答疑【分层实施】	1.生物、地理、历史、道法、物理学科素养提升（含学科兴趣小组活动） 2.体能训练课程 【菜单式选择实施】
16：10~16：50	语文、数学、英语、物理学科素养提升【分层实施】		语文、数学、英语、物理学科素养提升【分层实施】	语文、数学、英语、物理学科素养提升【分层实施】	
17：00~17：40	1.体育俱乐部课程 2.校本素养课程（含德智体美劳素养课程） 【菜单式选择实施】 3.基础学科拔尖创新课程（竞赛课程、人文特色课程、贯通课程） 4.体艺创新培养课程 【选拔实施】	1.学生社团活动 【菜单式选择实施】 2.劳动教育：大扫除	1.体育俱乐部课程 2.校本素养课程（含德智体美劳素养课程） 【菜单式选择实施】 3.基础学科拔尖创新课程（竞赛课程、人文特色课程、贯通课程） 4.体艺创新培养课程 【选拔实施】	1.体育俱乐部课程 2.校本素养课程（含德智体美劳素养课程） 【菜单式选择实施】 3.基础学科拔尖创新课程（竞赛课程、人文特色课程、贯通课程） 4.体艺创新培养课程 【选拔实施】	1.体育俱乐部课程 2.校本素养课程（含德智体美劳素养课程） 【菜单式选择实施】 3.基础学科拔尖创新课程（竞赛课程、人文特色课程、贯通课程） 4.体艺创新培养课程 【选拔实施】

续表

授课时间段	课程设置				
	周一	周二	周三	周四	周五
其他时段（如跨时段需求、17：40后延长、晚自习等）	1.基础学科拔尖创新课程（竞赛课程、人文特色课程、贯通课程）2.体艺创新培养课程 3.某些有需求的校本素养课程	1.基础学科拔尖创新课程（竞赛课程、人文特色课程、贯通课程）2.体艺创新培养课程 3.某些有需求的校本素养课程	1.基础学科拔尖创新课程（竞赛课程、人文特色课程、贯通课程）2.体艺创新培养课程 3.某些有需求的校本素养课程	1.基础学科拔尖创新课程（竞赛课程、人文特色课程、贯通课程）2.体艺创新培养课程 3.某些有需求的校本素养课程	1.基础学科拔尖创新课程（竞赛课程、人文特色课程、贯通课程）2.体艺创新培养课程 3.某些有需求的校本素养课程

备注说明：

1. 语文、数学、英语课后作业指导与答疑及语文、数学、英语、物理学科素养提升由备课组根据学段特点安排，具体时间安排由学部统筹。

2. 校本素养课程、体能训练课程、体育俱乐部课程、学生社团活动与生物、地理、历史、道法、物理学科素养提升课程根据学生需要以学期为单位选课实施。

3. 基础学科拔尖创新课程（竞赛课程、人文特色课程、贯通课程）、体艺创新培养课程、某些有需求的校本素养课程针对更小群体的需要，以学期为单位选拔实施。

4. 学科阶段性集中测练请在学期初做好学期的整体安排，阶段性集中测练在周一、周三、周四 15：20~16：00、16：10~16：50 时间段进行，语文、数学、英语科目每月不超过 1 次测练（有期中、期末测试的月份不安排学科阶段性集中测练）；其他科目除期中、期末考试外采用课堂过程性测练的方式进行。

5. 中考考查科目的期中测试安排在"中考考试科目的期中测试"后一周或两周的课后服务时段进行。

6. 课后服务时间要加强作业指导与答疑，加强学科素养提升，不走进度，注意控制利用"指导、答疑、学科素养提升"时间进行测练的量。

7. 课后服务以学生自愿参与为原则，在各时段有自习需求的学生可到阅览室或学部指定教室自习。

3. 北师大实验中学课后服务时间与课程统筹安排（初二下学期）

授课时间段	课程设置				
	周一	周二	周三	周四	周五
15:20~16:00	语文、数学、英语、物理课后作业指导与答疑【分层实施】	1.校本素养课程（含德智体美劳素养课程）2.体能训练课程 3.生物、地理、历史、道法学科素养提升（含学科兴趣小组活动）【菜单式选择实施】	语文、数学、英语、物理课后作业指导与答疑【分层实施】	语文、数学、英语、物理课后作业指导与答疑【分层实施】	语文、数学、英语、物理课后作业指导与答疑【分层实施】
16:10~16:50	语文、数学、英语、物理学科素养提升【分层实施】		语文、数学、英语、物理学科素养提升【分层实施】	语文、数学、英语、物理学科素养提升【分层实施】	语文、数学、英语、物理学科素养提升【分层实施】
17:00~17:40	1.体育俱乐部课程 2.校本素养课程（含德智体美劳素养课程）【菜单式选择实施】3.基础学科拔尖创新课程（竞赛课程、人文特色课程、贯通课程）4.体艺创新培养课程【选拔实施】	1.学生社团活动【菜单式选择实施】2.劳动教育：大扫除	1.体育俱乐部课程 2.校本素养课程（含德智体美劳素养课程）【菜单式选择实施】3.基础学科拔尖创新课程（竞赛课程、人文特色课程、贯通课程）4.体艺创新培养课程【选拔实施】	1.体育俱乐部课程 2.校本素养课程（含德智体美劳素养课程）【菜单式选择实施】3.基础学科拔尖创新课程（竞赛课程、人文特色课程、贯通课程）4.体艺创新培养课程【选拔实施】	1.体育俱乐部课程 2.校本素养课程（含德智体美劳素养课程）【菜单式选择实施】3.基础学科拔尖创新课程（竞赛课程、人文特色课程、贯通课程）4.体艺创新培养课程【选拔实施】

续表

授课时间段	课程设置				
	周一	周二	周三	周四	周五
其他时段（如跨时段需求、17：40后延长、晚自习等）	1.基础学科拔尖创新课程（竞赛课程、人文特色课程、贯通课程） 2.体艺创新培养课程 3.某些有需求的校本素养课程	1.基础学科拔尖创新课程（竞赛课程、人文特色课程、贯通课程） 2.体艺创新培养课程 3.某些有需求的校本素养课程	1.基础学科拔尖创新课程（竞赛课程、人文特色课程、贯通课程） 2.体艺创新培养课程 3.某些有需求的校本素养课程	1.基础学科拔尖创新课程（竞赛课程、人文特色课程、贯通课程） 2.体艺创新培养课程 3.某些有需求的校本素养课程	1.基础学科拔尖创新课程（竞赛课程、人文特色课程、贯通课程） 2.体艺创新培养课程 3.某些有需求的校本素养课程

备注说明：

1.语文、数学、英语、物理课后作业指导与答疑及学科素养提升由备课组根据学段特点安排，具体时间安排由学部统筹。

2.校本素养课程、体能训练课程、体育俱乐部课程、学生社团活动与生物、地理、历史、道法学科素养提升课程根据学生需要以学期为单位选课实施。

3.基础学科拔尖创新课程（竞赛课程、人文特色课程、贯通课程）、体艺创新培养课程、某些有需求的校本素养课程针对更小群体的需要，以学期为单位选拔实施。

4.学科阶段性集中测练请在学期初做好学期的整体安排，阶段性集中测练在周一、周三、周四、周五15：20~16：00、16：10~16：50时间段进行，语文、数学、英语、物理科目每月不超过1次测练（有期中、期末测试的月份不安排学科阶段性集中测练）；其他科目除期中、期末考试外采用课堂过程性测练的方式进行。

5.中考考查科目的期中测试安排在"中考考试科目的期中测试"后一周或两周的课后服务时段进行。

6.课后服务时间要加强作业指导与答疑，加强学科素养提升，不走进度，注意控制利用"指导、答疑、学科素养提升"时间进行测练的量。

7.课后服务以学生自愿参与为原则，在各时段有自习需求的学生可到阅览室或学部指定教室自习。

4. 北师大实验中学课后服务时间与课程统筹安排（高一）

授课时间段	课程设置				
	周一	周二	周三	周四	周五
16：10~16：50	课内综合分类课	15：20~16：50 建议：评估测练 【集体实施】（根据需求可适当延长）	1.学业指导【集体实施】 2.学科素养课程（学科兴趣、学科提升、学科素养培育）【菜单式选择实施、分层分类实施】（根据需求可适当延长）	1.学业指导【集体实施】 2.学科素养课程（学科兴趣、学科提升、学科素养培育）【菜单式选择实施、分层分类实施】（根据需求可适当延长）	1.学业指导【集体实施】 2.学科素养课程（学科兴趣、学科提升、学科素养培育）【菜单式选择实施、分层分类实施】（根据需求可适当延长）
17：00~17：40	1.校本素养课程（含德智体美劳素养课程） 2.自主兴趣发展（研究性项目探索、兴趣小组）【菜单式选择实施】 3.基础学科拔尖创新课程（竞赛课程、人文特色课程、贯通课程、学科提升课程） 4.体艺创新培养课程【选拔实施】	1.学生社团活动【菜单式选择实施】 2.劳动教育：大扫除	1.校本素养课程（含德智体美劳素养课程） 2.自主兴趣发展（研究性项目探索、兴趣小组）【菜单式选择实施】 3.基础学科拔尖创新课程（竞赛课程、人文特色课程、贯通课程、学科提升课程） 4.体艺创新培养课程【选拔实施】	1.校本素养课程（含德智体美劳素养课程） 2.自主兴趣发展（研究性项目探索、兴趣小组）【菜单式选择实施】 3.基础学科拔尖创新课程（竞赛课程、人文特色课程、贯通课程、学科提升课程） 4.体艺创新培养课程【选拔实施】	1.校本素养课程（含德智体美劳素养课程） 2.自主兴趣发展（研究性项目探索、兴趣小组）【菜单式选择实施】 3.基础学科拔尖创新课程（竞赛课程、人文特色课程、贯通课程、学科提升课程） 4.体艺创新培养课程【选拔实施】

续表

授课时间段	课程设置				
	周一	周二	周三	周四	周五
其他时段（如跨时段需求，17:40后延长、晚自习等）	1.基础学科拔尖创新课程（竞赛课程、人文特色课程、贯通课程、学科提升课程） 2.体艺创新培养课程	1.基础学科拔尖创新课程（竞赛课程、人文特色课程、贯通课程） 2.体艺创新培养课程	1.基础学科拔尖创新课程（竞赛课程、人文特色课程、贯通课程） 2.体艺创新培养课程	1.基础学科拔尖创新课程（竞赛课程、人文特色课程、贯通课程） 2.体艺创新培养课程	1.基础学科拔尖创新课程（竞赛课程、人文特色课程、贯通课程） 2.体艺创新培养课程

备注说明：

1. 学业指导、学科素养课程、评估测练由备课组根据学段特点安排，具体时间安排由学部统筹。

2. 校本素养课程、自主兴趣发展课程根据学生需要以学期为单位选课实施。

3. 基础学科拔尖创新课程（竞赛课程、人文特色课程、贯通课程、学科提升课程）、体艺创新培养课程针对更小群体的需要，以学期为单位选拔实施。

4. 控制好学生周测练的数量，每周除周二测练时间外，最多再安排一个科目使用"学业指导"时间进行测练。

5. 学科阶段性集中测练请在学期初做好学期的整体安排，阶段性集中测练面向高考科目，每月不超过1次（有期中、期末测试的月份不安排学科阶段性集中测练）。

6. 不安排全员授课，课后服务时段以"促优""补弱"为主，对于不参加"促优""补弱"的学生，如果有需要可以安排答疑、作业指导、自习、个性化测练等活动。

7. 课后服务以学生自愿参与为原则，各时段有自习需求的学生可到阅览室或学部指定教室自习。

5. 北师大实验中学课后服务时间与课程统筹安排（高二）

授课时间段	课程设置				
	周一	周二	周三	周四	周五
16:10~16:50	1.学业指导【集体实施】 2.学科素养课程（学科兴趣、学科提升、学科素养培育）【菜单式选择实施、分层分类实施】 （根据需求可适当延长）	15:20~16:50 建议：评估测练 【集体实施】 （根据需求可适当延长）	1.学业指导【集体实施】 2.学科素养课程（学科兴趣、学科提升、学科素养培育）【菜单式选择实施、分层分类实施】 （根据需求可适当延长）	课内综合分类课	1.学业指导【集体实施】 2.学科素养课程（学科兴趣、学科提升、学科素养培育）【菜单式选择实施、分层分类实施】 （根据需求可适当延长）
17:00~17:40	1.校本素养课程（含德智体美劳素养课程） 2.自主兴趣发展（研究性项目探索、兴趣小组）【菜单式选择实施】 3.基础学科拔尖创新课程（竞赛课程、人文特色课程、贯通课程、学科提升课程） 4.体艺创新培养课程【选拔实施】	1.学生社团活动【菜单式选择实施】 2.劳动教育：大扫除	1.校本素养课程（含德智体美劳素养课程） 2.自主兴趣发展（研究性项目探索、兴趣小组）【菜单式选择实施】 3.基础学科拔尖创新课程（竞赛课程、人文特色课程、贯通课程、学科提升课程） 4.体艺创新培养课程【选拔实施】	1.校本素养课程（含德智体美劳素养课程） 2.自主兴趣发展（研究性项目探索、兴趣小组）【菜单式选择实施】 3.基础学科拔尖创新课程（竞赛课程、人文特色课程、贯通课程、学科提升课程） 4.体艺创新培养课程【选拔实施】	1.校本素养课程（含德智体美劳素养课程） 2.自主兴趣发展（研究性项目探索、兴趣小组）【菜单式选择实施】 3.基础学科拔尖创新课程（竞赛课程、人文特色课程、贯通课程、学科提升课程） 4.体艺创新培养课程【选拔实施】

续表

授课时间段	课程设置				
	周一	周二	周三	周四	周五
其他时段（如跨时段需求、17:40后延长、晚自习等）	1.基础学科拔尖创新课程（竞赛课程、人文特色课程、贯通课程、学科提升课程） 2.体艺创新培养课程	1.基础学科拔尖创新课程（竞赛课程、人文特色课程、贯通课程） 2.体艺创新培养课程	1.基础学科拔尖创新课程（竞赛课程、人文特色课程、贯通课程） 2.体艺创新培养课程	1.基础学科拔尖创新课程（竞赛课程、人文特色课程、贯通课程） 2.体艺创新培养课程	1.基础学科拔尖创新课程（竞赛课程、人文特色课程、贯通课程） 2.体艺创新培养课程

备注说明：

1.学业指导、学科素养课程、评估测练由备课组根据学段特点安排，具体时间安排由学部统筹。

2.校本素养课程、自主兴趣发展课程根据学生需要以学期为单位选课实施。

3.基础学科拔尖创新课程（竞赛课程、人文特色课程、贯通课程、学科提升课程）、体艺创新培养课程针对更小群体的需要，以学期为单位选拔实施。

4.控制好学生周测练的数量，每周除周二测练时间外，最多再安排一个科目使用"学业指导"时间进行测练。

5.学科阶段性集中测练请在学期初做好学期的整体安排，阶段性集中测练面向高考科目，每月不超过1次（有期中、期末测试的月份不安排学科阶段性集中测练）。

6.不安排全员授课，课后服务时段以"促优""补弱"为主，对于不参加"促优""补弱"的学生，如果有需要可以安排答疑、作业指导、自习、个性化测练等活动。

7.课后服务以学生自愿参与为原则，各时段有自习需求的学生可到阅览室或学部指定教室自习。

第三章　北师大实验中学课后服务素养课程体系

本章谈一谈北师大实验中学课后服务素养课程体系。

下面为大家呈现"北师大实验中学课后服务素养课程体系建设行动规划""北师大实验中学课后服务素养课程方案""北师大实验中学课后服务素养课程体系——具体科目课程标准模板"等文件与工具，相信大家能通过这些文件与工具，了解北师大实验中学课后服务素养课程体系的建立原则和特点。

北师大实验中学课后服务素养课程体系建设行动规划

一、"北师大实验中学课后服务素养课程体系"建设的背景与原则论证

今天的教育本质上是面向未来的，培养有能力面对、处理未来真实复杂问题的人是今日之教育的重要任务，这需要作为今日教育主要设计者、参与者的我们思考"未来的人需要怎样的素养才能直面世界"的问题。

目前的研究表明，"21世纪素养"是国际公认的面对未来所需的核心素养。"21世纪素养"包括三大领域：认知（例如批判思维、问题解决、论证）、自我（例如自我调节、适应、元认知）和人际（例如合作、领导力、冲突解决）。结合"21世纪素养"，我国进一步提出了具有中国特色的"中国学生发展核心素养"，其以科学性、时代性和民族性为基本原则，以培养"全面发展的人"为核心，分为文化基础、自主发展、社会参与三个方面，综合表现为人文底蕴、科学精神、学会学习、健康生活、责任担当、实践创新六大素养，具体细化为国家认同等十八个基本要点，根据这一总体框架，可针对学生年龄特点进一步提出对各学段学生的具体表现要求。

北师大实验中学课后服务素养课程体系以"21世纪素养"为核心，以"中国学生发展核心素养"为依据，结合"脑科学新近研究成果"，采用"基于真实问题解决模式的学习实践"方式，构建"五育

并举，融合育人"的素养课程系统。

脑科学的研究结论——"人类各种能力的发展过程从脑科学的角度可以理解为是'有效链接的建立过程'，其有效性的核心是'链接'的数量和秩序。数量和秩序是一对相互矛盾、制约的因素（数量越多，秩序越容易乱），它们的平衡是决定人类各种能力的关键所在。人类脑中的'链接'在人的一生都有建立和修饰的能力"给了我们很大的信心，这个结论告诉我们：人在一生中的任何阶段都是可以发展进步的，教育在任何阶段对于人的发展都是有巨大价值的。

基于真实问题解决模式的学习实践对于充分发展学生的"21世纪素养"至关重要。在传统课堂中，由于缺少相应的机会对解决结构不良的问题进行论证、进行自我调节学习和与同学合作构建知识体系，学生难以充分发展"21世纪素养"。有研究表明，基于真实问题解决模式的学习方式在帮助学生发展"21世纪素养"时是具有价值的。通过在真实的情境中通过合作解决问题，学生能学会批判性思考，通过合作构建知识体系，进行自我调节，发展可以迁移到新情境的知识和技能。因此，素养课程体系中的每一门课程的设计与实施均建议采用"基于真实问题解决模式的学习实践"这一方式。

"五育并举，融合育人"是新时代中国教育变革与发展的基本趋势，其核心是从"五育并举"到"五育融合"。

"五育融合"是一种"育人假设"。它预设人的成长发展，不仅是"全面发展"，更是"融合发展"。所有教育活动对人产生的育人成效，很难截然分离为这是德育，那是智育、体育，或者美育仅在这里体现,"劳育"只在那里呈现……如果将"五育"视为教育的五种"可能",那就意味着任何一种教育行为都同时包含"德智体美劳"的可能性。实际上,每一种教育教学行为都可能对学生的成长具有综合影响,产生融合效应。"各育"的成长效应往往是相互贯穿、相互渗透、相互滋养的,即"相互融合"的。

"五育融合"是一种"育人实践"。"五育融合"是在"五育并举"的前提下提出的。"五育并举"强调的是"德智体美劳"都"缺一不可",是对教育的整体性或完整性的倡导。"五育融合"重视实践方式或落实方式,致力于在贯通融合中实现"五育并举"。

"五育融合"是一种"育人理念"。如果只是将"五育融合"作为一种实践方式、路径或策略来看待,就低估了它的特殊价值。"五育融合"蕴含了一种新的教育理念或育人理念,即"融合理念",它与"融合实践"一样,直指以往制约"育人质量"提升的主要瓶颈和难题之一:"各育"之间相互割裂、对立,甚至相互矛盾。它带来的不是相互分离、割裂的"德育论""智育论""体育论""美育论""劳育论",而是"五育融合论"。

"五育融合"是一种"育人思维"。从根本上看,它是一种系统思维,包含"有机关联式思维""整体融通式思维""综合渗透式思维"等。传统教育存在不够"融合"的顽疾的根源在于思维方式的"点状""割裂""二元对立""非此即彼"等,从而导致各种教育之力相互抵消、相互排斥,无法形成"教育合力",难以产生如中国著名教育家叶澜所言的"系统教育力"。有了"五育融合"的理念和思维方式之后，不仅"各育"之间的关联度、衔接度将有所提升，"各育"自身的推进方式、运行方式和发展方式也会随之发生"革命性的变化"。从此以后，"各育"都将在"五育融合"的背景之下，重新建构自身的发展方向和发展机制。

"五育融合"是一种"育人能力"。这种能力，在学生那里意味着一种全新的"学习能力"，今后的学习不仅是"线上线下混合式"学习、"人机交互式"学习，也是"五育融合式"学习，形成基于融合、为了融合和在融合之中的学习兴趣、意识、方法、能力与习惯。在教师那里，这种能力意味着：有"五育融合"的"教学新基本功"——既要善于在自己的学科领域充分发挥每一堂课、每一个教育活动的"五育效应"，也要善于融合利用"各育"的育人资源，形成基于融合、为了融合和在融合之中的新型教学方式。在校长那里，需要具备的是"五育融合"的"管理新基本功"：构建适应"五育融合"的制度体系、课程体系、教学体系、班级建设体系及整体性的学校文化体系，生成基于融合、为了融合和在融合之中的新型学校管理方式等。

二、"北师大实验中学课后服务素养课程体系"基本设想

"北师大实验中学课后服务素养课程体系"基本设想如图 3-1 所示。

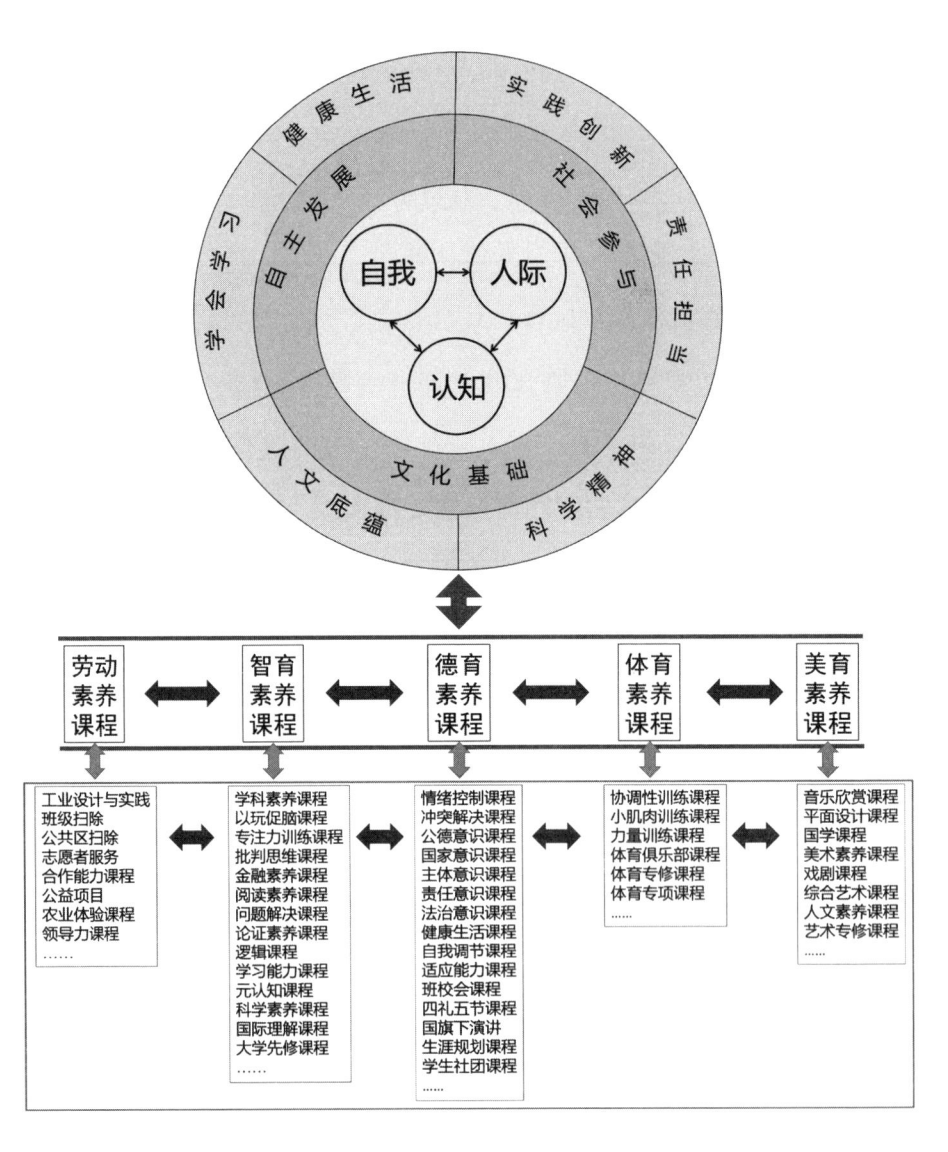

图 3-1 "北师大实验中学课后服务素养课程体系"基本设想

"北师大实验中学课后服务素养课程体系"基本设想说明：

1. 把"21世纪素养"[包括三大领域：认知（例如批判思维、问题解决、论证）、自我（例如自我调节、适应、元认知）和人际（例如合作、领导力、冲突解决）]作为核心。

2. 把"中国学生发展核心素养"（分为文化基础、自主发展、社会参与三个方面，综合表现为人文底蕴、科学精神、学会学习、健康生活、责任担当、实践创新六大素养，具体细化为国家认同等十八个基本要点）作为依据。

3. 把"五育并举，融合育人"的理念作为素养课程体系的构建基础。

4. 以"五育"中的某"一育"（德育、智育、体育、美育、劳育）为出发点，建立具体课程；每一具体课程均以"五育融合"的理念为设计基础，以"基于真实问题解决模式的学习实践"为实施原则，促进学生全面发展。

三、"北师大实验中学课后服务素养课程体系"具体课程设计与实施的规则设计

"北师大实验中学课后服务素养课程体系"具体课程设计与实施的规则设计如下：

（一）寻求校外资源开发或征召校内资源开发均可。

（二）建议课程设计与实施时充分考虑"基于真实问题解决模式的学习实践"这一原则，根据需要可灵活采用讲座式、互动式、启发式、探究式、体验式等多种实施策略落实课程。

（三）建议课程设计时考虑"前测 + 后测"的检测过程。此过程具有三重价值，其一，"前测"既可以帮助学生了解自我需求，选择更加适合的课程，也可以帮助教师提前了解学生的情况，更充分地达成因材施教的目标；其二，"前测 + 后测"可以更好地对课程进行评价；其三，基于"前测 + 后测"的数据可以为课程改进提供必要的

依据。

（四）建议课程设计与实施时充分体现"五育并举，融合育人"的教育理念，尤其要考虑"五育融合"的价值。以"劳动教育"为例，以往实施"劳动教育"课程的主要方式，往往首选增设和单列"劳动教育"专项课程。这种做法的好处不言而喻，但弊端也显而易见：要在已经非常拥挤的学校课程体系里增添新课程，势必会给师生带来新的负担，也可能会削弱"劳动教育"自身的价值。症结依然在于"劳动教育"课程是与其他"各育"课程分离的，是在已有"各育"课程基础上"做加法"而来的，它的存在有可能对其他"各育"课程造成一定程度的削弱，毕竟学生在校的学习时间是固定的，某"育"课程增加了，其他"育"课程势必会有所减少。当然，我们并不是否定专设"劳动教育"课程的举措及其积极意义，问题的关键是：不能只满足于此，这并非根本的解决之道。要发挥"劳动教育"在育人质量提升方面的重要作用，将其与其他"各育"融通起来，进行全方位、全过程式的贯穿渗透。让"劳动教育"在德育、智育、美育和体育中无时、无处不在。既要在这些领域进行"劳动教育"，也要让"劳动教育"返回并进入其他"各育"之中。例如，将"劳动教育"引入智育之中，让学生意识到劳动不只在田野里、家庭里、工厂里存在，也在课堂中、班级内和学习中发生——学习本身就是一种艰苦的劳动，是人一生当中都需要持续迈过的"劳动关"。这种融通式的思考方式和设计方式，意味着"劳动教育"的最终目的是让"劳动教育"的理想和目标，渗透、贯穿于真实日常的教育教学之中，实现"劳动教育"的日常化。只有与其他"各育"融通起来的"劳动教育",也就是日常化的"劳动教育",才最具生命力且最为持久。

（五）建议课程设计以"一学期"为单位设置模块或进阶逻辑方式,以便满足学生的选课需要。

北师大实验中学课后服务素养课程方案

一、课程目标

北师大实验中学课后服务素养课程在课内学习的基础上,进一步提升学生的综合素质,促进学生全面而有个性地发展,着力发展学生核心素养,使学生成为德、智、体、美、劳全面发展的时代新人,为学生的终身发展奠定基础。

1. 具有自我意识和理想信念

形成"个人幸福与民族兴盛休戚与共"的价值观,具有公民意识、法治意识、道德观念。增强"将自身个体发展与国家社会发展相融合"的意识,增强文化自信,树立为人民幸福、民族振兴和社会进步作贡献的远大志向。

2. 具有科学文化素养和终身学习能力

丰富人文知识,发展理性思维,促进对基础知识的学习和基本技能的提高,不断提升人文素养和科学素养。敢于批判质疑,探索解决问题，勤于动手，善于反思，具有创新精神和实践能力。具有强烈的好奇心、积极的学习态度和浓厚的学习兴趣。能够自主学习，独立思考，形成良好的学习习惯和适合自身的学习方法。学会获取、判断和处理信息，具备信息化时代的学习与发展能力。

3. 具有自主发展能力和沟通合作能力

坚持锻炼身体，养成积极健康的行为习惯与生活方式，珍爱生命，强健体魄。自尊、自信、自爱，坚韧乐观，奋发向上，具有积极的心理品质。具有发现、鉴赏和创造美的能力，具有健康的审美情趣。学会独立生活，热爱劳动，具备社会适应能力。正确认识自我，具有一定的生涯规划能力。文明礼貌，诚信友善，尊重他人，与人和谐相处。学会交流与合作，具有团队精神和一定的组织活动能力，具备全球化时代所需要的交往能力。尊重和理解文化的多样性，具有开放意识和国际视野。

二、课程设置

1. 课程类别

北师大实验中学课后服务素养课程由"德育素养课程""智育素养课程""体育素养课程""美育素养课程""劳动素养课程"五类课程构成。

五类课程均把"21世纪素养"［包括三大领域：认知（例如批判思维、问题解决、论证）、自我（例如自我调节、适应、元认知）和人际（例如合作、领导力、冲突解决）］作为核心；把"中国学生发展核心素养"（分为文化基础、自主发展、社会参与三个方面，综合表现为人文底蕴、科学精神、学会学习、健康生活、责任担当、实践创新六大素养，具体细化为国家认同等十八个基本要点）作为依据；把"五育并举，融合育人"的理念作为素养课程体系的构建基础；以"五育"中某一"育"（德育、智育、体育、美育、劳育）为出发点，建立具体课程；每一具体课程均以"五育融合"的理念为设计基础，以"基于真实问题解决模式的学习实践"为实施原则，促进学生全面发展。

2. 开设科目与学时的设计

依据国家、学校培养目标并根据学生具体需求，具体设计所需开设科目。根据学生所处学段的学习特点，设计具体所需开设科目的学时，一般以"一学期"为单位设计学时。具体拟开设科目（及其所属课程类别）如下（具体科目可以根据学生需求进行添减）：

开设科目与学时的设计

课程类别	拟开设科目	学段	学时需求
德育素养课程	情绪控制课程	初一、初二	15课时（一学期）
	冲突解决课程	初一、初二	15课时（一学期）
	公德意识课程	初一、初二	15课时（一学期）
	国家意识课程	初一、初二	15课时（一学期）
	主体意识课程	初一、初二	15课时（一学期）
	责任意识课程	初一、初二	15课时（一学期）
	法治意识课程	初一、初二	15课时（一学期）
	健康生活课程	初一、初二	15课时（一学期）
	自我调节课程	初一、初二	15课时（一学期）
	适应能力课程	初一、初二	15课时（一学期）
	……	初一、初二	15课时（一学期）

续表

课程类别	拟开设科目	学段	学时需求
智育素养课程	以玩促脑课程	初一、初二	15课时（一学期）
	专注力训练课程	初一、初二	15课时（一学期）
	批判思维课程	初一、初二	15课时（一学期）
	金融素养课程	初一、初二	15课时（一学期）
	阅读素养课程	初一、初二	15课时（一学期）
	问题解决课程	初一、初二	15课时（一学期）
	论证素养课程	初一、初二	15课时（一学期）
	逻辑课程	初一、初二	15课时（一学期）
	学习能力课程	初一、初二	15课时（一学期）
	元认知课程	初一、初二	15课时（一学期）
	科学素养课程	初一、初二	15课时（一学期）
	……	初一、初二	15课时（一学期）
体育素养课程	协调性训练课程	初一、初二	15课时（一学期）
	小肌肉训练课程	初一、初二	15课时（一学期）
	力量训练课程	初一、初二	15课时（一学期）
	体育俱乐部课程	初一、初二	15课时（一学期）
	体育专项课程	初一、初二	15课时（一学期）
	……	初一、初二	15课时（一学期）
美育素养课程	音乐欣赏课程	初一、初二	15课时（一学期）
	平面设计课程	初一、初二	15课时（一学期）
	国学课程	初一、初二	15课时（一学期）
	……	初一、初二	15课时（一学期）

续表

课程类别	拟开设科目	学段	学时需求
劳动素养课程	工业设计与实践	初一、初二	15课时（一学期）
	班级大扫除	初一、初二	15课时（一学期）
	公共区大扫除	初一、初二	15课时（一学期）
	志愿者服务	初一、初二	15课时（一学期）
	合作能力课程	初一、初二	15课时（一学期）
	领导力课程	初一、初二	15课时（一学期）
	……	初一、初二	15课时（一学期）

三、课程内容确定的原则

预先制定所需开设科目的课程标准，并通过课程标准规定具体课程的内容和要求。

确定具体课程内容应遵循以下基本原则：

（1）思想性。坚持辩证唯物主义和历史唯物主义，加强中国特色社会主义教育，充分反映习近平新时代中国特色社会主义思想，全面落实社会主义核心价值观的基本内容和要求，提升道德修养，有机融入中华优秀传统文化、革命文化、社会主义先进文化、法治意识、国家安全、民族团结和生态文明等教育内容，充分体现中国特色。

（2）时代性。关注学生未来发展所需，反映马克思主义中国化新近成果、当代社会进步情况、科技发展情况和学科发展前沿，充分体现先进的教育思想和教育理念，运用现实真实问题场景，紧密联系学生生活经验，及时更新教学内容。

（3）选择性。依据学生发展核心素养，让学生掌握终身发展必备的基础知识和基本技能。注重培养学生的学习兴趣、学习能力和探索精神，注重培养学生分析问题、解决问题的能力。充分考虑学生不同的发展需求，结合科目特点，遵循学习的基本原理，分类分层设计可选择的课程内容，满足学生的不同学习需要，促进学生发展。

（4）关联性。坚持"五育并举，融合育人"理念，注重科目内容选择、活动设计与学生核心素养发展的有机联系。关注科目内德育、智育、体育、美育、劳育的联系与整合情况。

（5）科学性。以科学思想为指导选择科目内容、设计具体活动，提高学生的思维能力，促进学生终身发展。

四、课程实施与评价

1. 科学编制科目课程标准并精编（选）教学材料

科目课程标准研制应遵循课程方案的总体要求，明确科目的育人价值，确定科目的核心素养和目标，明确内容和学业质量要求，以指导和规范教学材料编写（选择）、教学与评价。

教学材料编写（选择）以科目课程标准为依据，遵循思想性、时代性、选择性、关联性和科学性的基本原则，精选课程内容，创新呈现方式，充分反映课程性质和理念。

2. 合理制定科目实施规划

依据北师大实验中学课后服务素养课程方案，结合科目课程目标、学生特点和实际条件，制定满足学生选择需求与发展需要的科目实施规划。

3. 创新与完善评价方式

以过程性评价理念为指导，依据科目特点制定具体评价办法，指导学生客观记录成长过程，教师要对学生成长过程进行科学分析，加强对学生成长的指导，促进学生核心素养发展。

4. 充分开发和利用课程资源

统筹各方力量，创设课程实施条件和环境，开发课程实施所需的资源，为学生提供丰富、便利的实践体验机会。课程资源可以由学校独立开发，也可以与其他学校、机构、科研院所、企事业单位等联合开发。学校要系统规划校内外课程资源的使用方式，提高课程资源的有效性和利用率。

五、条件保障

北师大实验中学课后服务素养课程体系是一个系统工程，应根据学校条件、学生需求及具体课程实施的需要，因地制宜地协调资源，提供条件保障。

1. 加强教师资源协调统筹

根据具体科目课程实施需要，协调统筹校内外教师资源。加强教师培训与研修，建立和完善课后服务教师保障机制，调动教师的积极性和创造性。

2. 尽力满足教学设施供给需求

根据具体科目课程实施需要，协调资源，改善教学环境与教学条件，尽力满足专用教室、场馆及实验设备的需求，创设良好的课程实施环境。

3. 提供必要的经费保障

根据具体科目课程实施需要，合理核定经费投入标准，建立稳定的经费保障机制，满足课程开发、教学研究、设施设备配置、资源建设、教师培训与研修以及开展综合实践活动等必要的经费需求。

六、管理与监督

管理与监督主要体现在两个方面：

（1）建立北师大实验中学课后服务素养课程体系的课程管理制度，加强对课程实施的领导与管理。

（2）建立北师大实验中学课后服务素养课程体系的课程实施监测制度，健全课程建设和管理反馈改进机制。

北师大实验中学课后服务素养课程体系——具体科目课程标准模板

一、填表说明

（1）"授课教师（或授课教师团队）"填写具体科目授课教师姓名或授课教师团队名称（包括全体成员名称）（必要时，请注明授课教师或授课教师团队所在教研组、行政组或机构等）。

（2）"课程名称"填写具体科目课程的名称。

（3）"课程类别"填写课程所属类别，即德育素养课程、智育素养课程、体育素养课程、美育素养课程、劳动素养课程及其他课程（如食育课程）。

（4）"课程'五育融合'特征"填写课程设计与实施时，还会融合体现除"课程类别"所涉教育特征之外的哪些方面的教育特征，如"课程类别"为德育素养课程，课程"五育融合"特征可填写融合智育、美育、劳动教育。

（5）"面向年级"填写课程所面向的年级。

（6）"预计开课时间"填写课程开设时间。

（7）"课程性质与基本理念"的填写可以参照教育部颁布的学科课程标准，简略介绍课程性质与基本理念。

（8）"课程核心素养与培养目标"的填写可以参照教育部颁布的学科课程标准及"北师大实验中学课后服务素养课程体系"基本设想

所提及的内容，简略介绍课程核心素养与培养目标。

（9）"课程基本规划"的填写涉及课程描述（简介）、总课时数、人数要求、课程内容目录等。

（10）"课程对选课学生的要求"的填写，请具体描述课程实施时对学生的特殊要求，如身体、技能、学习程度等方面的要求，如果没有，则填"无"。

（11）"课程实施资源需要"的填写，请具体描述课程实施时对资源的特殊要求，如场地、材料、设备等方面的要求，如果没有，则填"无"。

（12）"课程评价方式"的填写涉及评价方式、评价内容等。

（13）"附：课程材料汇集"是对课程材料的总汇，建议随着课程推进及时收集、整理，以备后续总结、改进之用。若无法填写，建议另行整理汇集。

二、"北师大实验中学课后服务素养课程体系"具体课程设计

北师大实验中学课后服务素养课程表格如下：

课后服务素养课程表模版

授课教师 （或授课教师团队）			
课程名称			
课程类别		课程"五育融合"特征	
面向年级		预计开课时间	
课程性质与基本理念			
课程核心素养与培养目标			
课程基本规划			
具体包括：课程描述（简介）、总课时数、人数要求、课程内容目录等			
课程对选课学生的要求			

课程实施资源需要

课程评价方式

附：课程材料汇集
另行整理。

第四章　北师大实验中学课后服务素养课程实例简介

本章向大家介绍部分"北师大实验中学课后服务素养课程体系"现有的具体课程实例。

学生社团

学生社团是以兴趣爱好为基础，以自愿参加为前提，以自发组建为模式的学生先进群体组织，社团活动不仅可以丰富学生的课余生活，还对我校落实"培养全面发展、学有特长的英才"的教育理念发挥重要作用。

2022~2023学年第一学期，实名注册社团共97个，其中科技类为11个，社会实践类为5个，学科类为6个，人文社科类为31个，艺术类为25个，体育类为9个，其他类为10个。现从"活动时间""活动频率""活动地点""活动人员""活动形式"等方面提出相关建议，以供参考。学校会根据各社团的具体需求，尽力协调资源，提供相应保障。

1. 活动时间

周二 17：00~17：40 为学校提供的固有社团活动时间。如果社团还有其他时段的活动需求，则请与指导教师联系，以学期为单位进行规划，并向学校报备。

2. 活动频率

建议每周或隔周。

3. 活动地点

专业教室、走班教室、行政班教室（考虑到有些指导教师有固定活动地点，比如专业教室、实验室等，所以允许指导教师优先指定活动地点。没有固定活动地点的社团，由学校统一安排在行政班教室）。

4. 活动人员

社长、社员、指导教师。

5. 活动形式

建议以线下活动为主，必要情况下采用线上或线下相结合的方式。社团活动采用以学生为主、以教师为辅的模式开展，充分体现学生的自主性、创造性。

附录1 北京师范大学附属实验中学学生社团管理章程（2021年试行）

总 则

北京师范大学附属实验中学学生社团是北京师范大学附属实验中学校团委领导的学生群体组织，是本校学生以兴趣爱好为基础，以自愿参加为前提，以自发组建为模式的先进特色团体，是北京师范大学附属实验中学丰富学生课余生活的重要形式。

校团委委托北京师范大学附属中学学生会组织管理学生社团日常事务工作，但有关处理学生社团问题的最终决定权在校团委。

北京师范大学附属实验中学学生社团在落实学校培养全面发展、学有特长的英才上发挥着重要作用。学生通过在社团中不断地参与和学习，可将兴趣转变为特长，在落实英才教育的同时也为学生未来的职业规划指明了方向。

北京师范大学附属实验中学学生社团要树立正确的理想、信念和世界观、人生观、价值观，发展积极健康的社团文化，营造风清气正的社团生态，开展文明和谐的社团活动，充分发挥学生社团的优势，多方面提升我校学生的综合素质能力。

第一章 成 员

第一条 社团成员是我校在校学生，承认社团管理制度。

第二条 社团成员必须履行下列义务：

（一）按时参加社团活动。

（二）完成社团布置的任务。

（三）服从社团规则，配合社长的工作。

（四）负责活动现场的卫生，做好善后工作。

（五）爱护活动现场的公物，不随意破坏。

（六）保持良好的言谈举止，不发表不当言论、著作等。

第三条　成员享有下列权利：

（一）社团内部的选举权、被选举权和表决权。

（二）参加社团的有关会议和各类活动。

（三）参与社团建设，可对社团活动的改进提出建议。

（四）入社自愿、退社自由的权利。

第四条　积极参加社团活动，若有特殊情况不能参加，向负责人请假。

第二章　负责人

第五条　社团负责人为社团的社长，包括社长和副社长。

第六条　负责人必须履行下列义务：

（一）与指导教师沟通，制订一学年或一学期的活动计划，并上交校团委。

（二）保证社团的规范管理，制定详细的社团规则。

（三）定期组织社团活动，至少每月一次。

（四）定期向指导教师汇报社团活动情况，至少每学期汇报一次。

（五）认真听取成员提出的建议，并及时反馈。

（六）组织清理活动现场的卫生。

（七）积极主动完成校团委布置的工作。

（八）参加每届学生会举办的北京师范大学附属实验中学学生社团社长大会。

第七条 负责人享有下列权利：

（一）对问题成员的去留有决定权。

（二）对社团健康有序的发展有指挥权。

（三）参与学校社团相关制度的改进和完善。

第三章　社　团

第八条 社团至少有一名校内指导教师。

第九条 每学年的国庆节前完成社团学年度注册，指导教师亲笔签字。没有注册或没有指导教师亲笔签字视为注册失败，即社团注销。

第十条 创建新社团需要向校团委提出书面申请，申请通过后视为社团申请成功。

第十一条 社长换届相关制度由社团内部自主确定。

第十二条 社长换届工作应在每学年社团注册截止前完成，并及时更换社团负责人的联系方式。

第十三条 开展健康、积极、文明的社团活动，不讨论政治敏感话题。

共青团北京师范大学附属实验中学委员会校团委制

附录 2　北京师范大学附属实验中学学生社团管理制度（2021 年 11 月修订）

制度一、社团建立及注册

1. 申请时间：校内同学可于每学年第一学期的 9 月及期中考试后 4 周，以及第二学期的 3 月及期中考试后 4 周的时间段内申请成立新社团，其他时间学管部概不受理新社团申请。

2. 申请流程如下：

（1）申请人找到学管部部长，部长会通过电子邮件或微信的方式向申请人提供《社团申请表》电子版，申请人填完后将电子版与纸质版共同提交给学管部部长。

（2）学管部向团委提交申请表，并由负责老师进行审核。

（3）申请人也可以通过实验人微信平台提出申请社团的请求并附上自己的邮箱，学管部会及时将申请表发给各申请人。

（4）申请审核结果将在一周内反馈。

3. 社团建立要求：各社团应有符合章程规定、彰显社团宗旨、能够促进社团发展的社团管理规则。拥有 400 字以上成文社团规则的社团将在年度星级社团评选时获得加分。

4. 社团换届：新学年社团换届工作应在新一次提交《社团注册登记表》之前完成，并及时更新新社长的联系方式。各社团的换届制度由社团内部决定。若社团因故在学期期间更换社长，应及时通过微信或邮件的方式通知学管部。

5. 若社团未能及时提交《社团注册登记表》，学管部将视为该社团已经解散，并注销该团。

制度二、社团活动

1. 活动申请流程如下：

（1）社团举办参与人数在5人以上或者需要占用校内公共空间（教室、逸夫楼等）的社团活动，需要提交社团活动申请，在团委报备。

（2）活动前社长应向学管部提交书面活动申请，写明活动内容、参与人数和占用场地，并附上指导教师签字。

（3）参与活动的若有初中同学，需要社长填写《社团活动家长告知书》，并至少于活动前一天交给参与活动的初中同学，要求初中同学交给家长阅读。

2. 活动结束后，社长应带领社员清理活动场地。活动中应爱护公共设施。若发现社团有活动后场地未清理的现象，学管部将会记录，并在星级社团评选时扣分。

3. 活动中，社团应注意记录并整理活动照片、活动视频和活动反思，方便学生会宣传工作使用。社长应妥善保管社团花销凭证（发票、收据等），便于学管部参考并作为活动评价和报销的材料。

制度三、社团评比

1. 根据下述社团等级评定标准，将所有学生社团分为三级——俱乐部、星级社团及社团。

各级社团之间可双向流动，每学期学管部将重新评定各社团情况并重新分级。

2. 社团等级评定标准：评比满分100分，具体评分标准如下。

（1）50%由学管部按照大型活动表现20分、日常活动频率15分、社团制度5分、社员规模大小5分进行评分。对于表现突出的社团，可给予酌情加分（最多加5分）。

（2）25%由社长在社长大会上（具体形式暂定为社团嘉年华）进行民主投票，总得票加权后计入总分。

（3）25%由全校学生在公众号上进行线上投票，总得票加权后计入总分。社团星级评价材料将发布在SDSZ实验人公众号上，供大家参考，以保证等级评定的民主性。

（4）最终得分高于85分的社团为五星社团（约5个），60~85分为四星社团（约10个），45~60分为三星社团（可根据实际情况做微调）。45分以下及成立不足三个月的社团自动归入普通等级。

3. 各级社团获得的资助力度大小有所不同，五星社团将获得400元/学期的免申请报销，四星社团将获得200元/学期的免申请报销，三星社团将获得申请报销优先权。

4. 免申请报销：即社团学期内在免申请报销范围以内的花费不需要进行学校审批，直接进行报销（如五星社团学期花费在400元以内可以直接联系学校进行报销，无须进行申请）。

5. 参评五星社团应在提交《社团登记注册表》后参加学管部组织的答辩，针对本社团上学期的活动反思与学管部成员面对面交流，若不参加答辩则取消参评五星社团的机会。

北京师范大学附属实验中学学生会学管部

附录3　生物社团开设申请

社团名称	生命密码	指导教师	李老师
社团人数	15	活动时间	周二17:00~17:40
开设年级	初一		
社团目标	生物学科与人类的衣食住行息息相关，通过发现真实情景中的问题，并尝试对某一现象或规律进行深入研究，培养学生对于生活中实际问题的解决能力，拓宽知识视野，开阔思路，培养学生收集和分析材料的能力，增强学生对生命科学的兴趣和培养学生的原始创新性的学科思维。发展学生的科学探究能力并培养社会责任感。		
主要内容	本社团主要采取项目式学习方式，以问题为导向，激发学生的问题意识；以学生为中心，鼓励学生积极探索解决问题的方法；学生自主组建团队，完成一个相对独立的项目。信息的收集、方案的设计、项目的实施及最终评价，都由学生负责完成，学生通过参与该过程，了解并把握整个过程及每一个环节中的基本要求。让学生在解决问题的过程中学习新知识、掌握新技能，培养学生有意识地进行高水平的思维活动。教师在一些环节进行必要的引导，提供一定的支持。 筛选学生感兴趣的问题，这涉及健康生活、生物多样性保护、发育与遗传等生活中的热点领域，让学生根据问题进行相关资料的搜集和整理，了解问题的相关背景，设计实验方案，通过对不同方案的优化，制订可行性计划并实施。在此过程中需要完成开题报告、中期考核以保证该过程的科学性和可行性。让学生从实验结果出发，对实验现象进行分析，得出实验结论，解决问题，采取合理的措施或者提出可行性建议。最终的呈现方式为学生进行专题汇报，并撰写研究论文。		
评价方式	A等级：项目选题具有创新性，具有一定的理论意义和使用价值；文献阅读量丰富，对研究现状有较全面的理解；实验方案完善科学、可行；论文逻辑清晰，表述条理性强。 B等级：选题具有可研究性，文献阅读情况相对全面，实验方案可行但有优化的空间，汇报过程逻辑相对清晰，论文无科学性错误。		

申请人：李老师

申请日期：2021年7月14日

玩转乐高 EV3 机器人的搭建与编程

授课教师 （或授课教师团队）	于老师		
课程名称	玩转乐高EV3机器人的搭建与编程		
课程类别	智育素养课程	课程"五育融合"特征	融合劳动教育（涉及7~9年级的产品设计与加工、新技术体验等方面的内容）
面向年级	初一、初二	预计开课时间	1.周二15：20~16：50 初二：每次90分钟 2.周四17：00~17：40 初一、初二：每次40分钟 3.周五17：00~17：40 初一、初二：每次40分钟
课程性质与基本理念			
义务教育阶段信息技术教育的有效实施可以提高学生利用信息技术开展各学科学习和探究活动的能力，本课程主要是借助EV3模块的灵活搭建特性和配套的界面清晰的程序设计软件，探索一系列功能多样的机器人范例项目。学生通过对范例项目进行变换，拓展范例项目功能。学生在这一过程中能够体会程序在实际中的应用情况，巩固信息素养和增强技术创新意识，同时，在劳动实践教育中进行产品设计与加工，体验新技术。			
课程核心素养与培养目标			
1.以兴趣为起点，以项目为载体，让学生在"玩中学""做中学"。 　　2.实现技术学习与技术应用之间的整合，体现信息技术作为学习对象与学习工具的"双价值"，了解融合信息技术和劳动技术的"双技术"。 　　3.实现"应用与创新相结合"的课程目标。首先，学生学习、观摩教师做的范例项目；其次，学生动手实现项目的基本功能，然后，保持程序不变，改变机器人的结构，从而产生功能不同的机器人；最后，把程序设计和乐高模块的搭建相结合，实现设想的功能。 　　4.将创新落实到每一节课。			

课程基本规划
1.教师角色：教师提供10个有趣的项目，每个项目展示一个搭建好的机器人，并结合程序展示一个实际的功能。 2.学生角色：学生根据教师提供的材料，自行完成个性化搭建，同时，参考教师提供的程序，展示项目要求的基本功能，进而对项目进行变换创新。 3.总课时数：15周×2课时（初二，周二），15周×1课时（初一、初二，周四），15周 × 1课时（初一、初二，周五）。 4.人数要求：10人。 项目：①旋转陀螺；②电锯；③简易击球；④猜数字；⑤爬行的蜘蛛；⑥颜色控制小车；⑦漫步者；⑧雷达；⑨捕鼠器；⑩跷跷板。

课程对选课学生的要求
学生有一些机器人搭建和编程方面的基础，要遵守纪律，具备零件收纳的基本能力。

课程实施资源需要
EV3机器人控制器（每人一个）、实验楼404机器人实验室。

课程评价方式
对10个项目的达成度进行评价,每个项目满分10分。
附:课程材料汇集
随着课程推进进行收集。

传统戏曲赏析与实践

授课教师 （或授课教师团队）	北师大实验中学国剧团指导教师 （吴老师、张老师、林老师）		
课程名称	传统戏曲赏析与实践		
课程类别	美育素养课程	课程"五育融合"特征	融合、德育、智育
面向年级	初一、初二、初三、高一、高二、高三	预计开课时间	周三17：00~18：30
课程性质与基本理念			

  教育部在2021年印发的《中华优秀传统文化进中小学课程教材指南》中指出，开展中小学中华优秀传统文化教育，对于永续中华民族的根与魂，坚守中华民族的共同理想信念，筑牢民族文化自信、价值自信的根基，维护国家文化安全，增强国家文化软实力，培养青少年做堂堂正正的中国人，具有重要意义。

  本课程以立德树人为根本任务，秉持"启迪心智、浸润涵养、陶冶情操"的基本理念，旨在通过传统戏曲赏析与实践，提升学生的传统文化修养与审美。

课程核心素养与培养目标

  1.课程核心素养：本课程以美育和德育浸润学生，全面提升学生的文化理解、审美感知、艺术表现、创意实践等核心素养，丰富学生的精神文化生活，深化学生的人文底蕴，提高学生自主发展的可能性。

  2.培养目标：让学生初步了解传统戏曲知识；能够独立欣赏传统戏曲；逐步拥有健康的艺术审美；初步体验京剧或昆曲的功法；能够独立表演京剧或昆曲片段。

课程基本规划

  1.课程描述：本课程围绕我国传统戏曲的发展历史、艺术特点、实践要点等方面开展赏析与实践学习活动。学生将在教师的指导下，了解传统戏曲的理论知识，并逐步完成舞台实践，在此过程中体会传统戏曲之美，感受我国传统文化艺术的博大精深。

2.总课时数：20周×2课时＝40课时。
3.人数要求：25人。
4.课程内容目录：戏曲理论概述（4课时）、经典剧目导赏（6课时）、青衣/老生基础训练（12课时）、青衣/老生剧目小课（12课时）、戏曲舞台实践（6课时）。

课程对选课学生的要求
无
课程实施资源需要
场地：体操馆舞蹈教室。
课程评价方式
学期初摸底汇报占10%，平时训练情况占40%，期末汇报（舞台实践）占50%。
附：课程材料汇集

1.推荐图书：齐如山：《国剧艺术汇考》，辽宁教育出版社，2010。
廖奔、刘彦君：《中国戏曲发展史》，山西教育出版社，2006。
王国维：《宋元戏曲史》，中国书籍出版社，2020。
吴梅：《中国戏曲概论》，冯统一点校，中国人民大学出版社，2004。
梅兰芳述，许姬传、许源来、朱家溍记：《舞台生活四十年》，中国戏剧出版社，1961。
翁思再：《余叔岩传》，河北教育出版社，2002。
2.推荐赏析剧目：
昆曲：《牡丹亭》《桃花扇》《西厢记》《玉簪记》《长生殿》等。
京剧：《贵妃醉酒》《霸王别姬》《玉堂春》《白蛇传》《天女散花》《失街亭》《空城计》《斩马谡》《群英会·借东风·华容道》《伍子胥》《杨家将》《遇皇后》《打龙袍》《大保国·探皇陵·二进宫》等。

新媒体运营

授课教师 （或授课教师团队）	苏老师		
课程名称	新媒体运营		
课程类别	智育素养课程	课程"五育融合"特征	融合美育
面向年级	初二	预计开课时间	周二15：20~16：50

课程性质与基本理念

1.课程性质：在数字时代，培养学生应用信息技术进行学习与创新的信息社会生存能力尤为重要。数字化学习与创新是信息科技学科的重要核心素养。本课程对照学生兴趣，对标课程标准，合理利用数字化平台、工具和资源，运用线上实验、仿真等方式，提升学生的数字软件应用能力与数字产品创造性产出能力，培养学生的数字化学习与创新、学会学习素养。课程具有基础性、实践性和综合性。

2.基本理念：体现数字时代正确育人方向。贯彻党的教育方针，落实立德树人根本任务，发挥课程育人功能，帮助学生学会数字时代的知识积累与创新方法。构建契合教育教学规律的课程项目。基于学生需求，结合学生认知水平与规律，统筹安排学习项目与内容，既重实践操作，也重逻辑方法，培养学生的相关能力素养。倡导主动探究，强化多元评价。以项目为驱动，调动学生探究与实践的积极性，发挥学生的参与性与创造性，在过程评价与终结评价中，优化教与学。

课程核心素养与培养目标

1.课程核心素养：本课程侧重培养学生的数字化学习与创新（学科发展）、学会学习（学生发展）的核心素养。①对标《义务教育信息科技课程标准（2022年版）》中对数字化学习与创新素养培养目标的表述，将目标融入教师教学与学生学习的关键环节，在实践中培养与提升学生的相关素养与能力。②以中国学生发展素养中的"学会学习"（乐学善学、勤于反思、具备信息意识）理念为指导，设计项目教学过程，注重项目逻辑思维，引导学生探究实践，构建学习型环境，培养其学会学习的能力。

2.培养目标：基于学生需求与兴趣，依托媒体平台，研发符合教育教学规律的项目，使学生在项目学习、实践操作、交流分享中强化逻辑方法，了解新兴媒体，学习数字技术，产出数字产品，助力学习与生活，培养学生的数字化学习与创新、学会学习素养，成为适应数字化时代、具有信息社会生存能力的学习型人才。

课程基本规划

1.课程描述：在信息社会发展背景下，本课程借助生活中经常使用或易于使用的微信公众号、剪映、腾讯智影、Paracraft、Excel等可视化软件，以主题项目与产品研发形式学习，带领学生感受图文、视频、文本配音、字幕识别、3D动画设计、3D动画编程、数据处理等的魅力，在"主题选定、文本/情节策划、素材集成、媒体学习、作品设计与创作、交流评价"等环节，综合运用信息科技、语文、数学、美术、音乐等学科素养，生成兼具科学、美学、技术性的个性化产品，促进学生成为技能满满的数字时代的"弄潮儿"。

2.总课时数：24课时左右。

3.人数：20人左右。

4.课程内容：综合考虑学生实际需求、课标要求及媒体实际应用情况等，设计开发新媒体项目，开展相关教学活动。目前主要课程内容有：微信公众号常态运营（微信公众平台、秀米/365编辑器）、视频剪辑与合成（剪映/会声会影/Premiere）、虚拟数字人播报（腾讯智影）、3D动画设计与创作（Paracraft）、Excel数据存储与处理（Microsoft Excel），涵盖图文、（智能）视频、虚拟人、文本配音、字幕识别、3D动画、3D编程、数据分析等内容。课程主要以项目形式开展，每一个项目用3~4课时完成。教师通常用1/3的时间讲解，给学生2/3的时间进行思考、创作、修正与分享。

5.课程安排。

课时	主题	类型
1~4	微信公众号常态运营	图文
5~8	视频剪辑与合成	视频
9~12	虚拟数字人播报	视频
13~16	3D动画设计与创作（一）	场景、建模
17~20	3D动画设计与创作（二）	动画、编程
21~24	Excel数据存储与处理	数据

（图示：面向数字化学习与创新素养的《新媒体运营》课后服务课程开发与实践，包含微信公众号运营、视频剪辑与合成、虚拟数字人视频制作、3D动画设计与制作、数据处理与分析等模块，涉及图文排版、视频传播、二维码生成、短视频剪辑、视频合成、虚拟人、文本配音、字幕识别、3D建模、3D动画、3D素材、图表、函数、数据表、VBA程序等要素）

6.课程项目教学设计：其一，将素养目标融入项目设计过程。《义务教育信息科技课程标准（2022年版）》对7~9年级数字化学习与创新素养的学段目标有明确的表述，项目设计对标课标中的具体指向，将具体的素养目标融入教师教学与学生学习的关键环节，将素养培养真正落在教育教学实践过程。其二，将逻辑方法融入实践操作过程。媒体平台通常具有较强的技能性，在项目设计与教育教学中，一方面注重发挥媒体平台的实践操作性，加强学生对数字化技术的掌握；另一方面注重发挥媒体平台的教育性，避免学生对媒体的单一机械化操作，增强学生综合思考、整体规划、解决问题、形成产品方案或逻辑的能力。课程项目教学设计框架如下图所示。

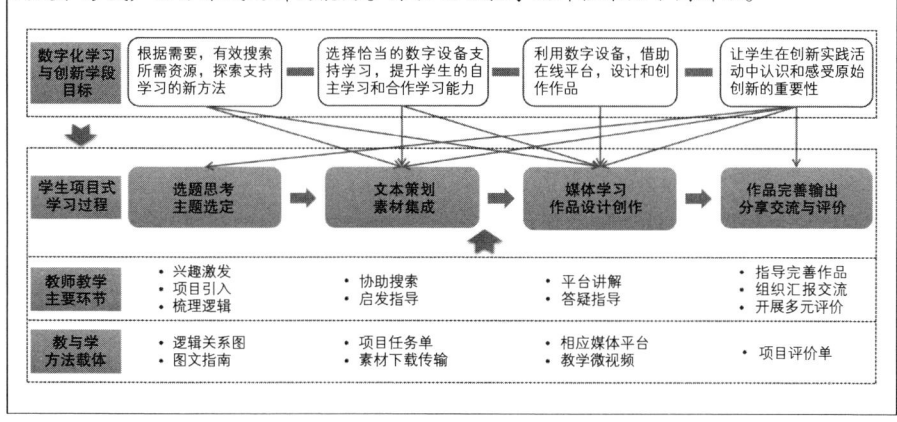

数字化学习与创新学段目标	根据需要，有效搜索所需资源，探索支持学习的新方法	选择恰当的数字设备支持学习，提升学生的自主学习和合作学习能力	利用数字设备，借助在线平台，设计和创作作品	让学生在创新实践活动中认识和感受原始创新的重要性
学生项目式学习过程	选题思考 主题选定	文本策划 素材集成	媒体学习 作品设计创作	作品完善输出 分享交流与评价
教师教学主要环节	• 兴趣激发 • 项目引入 • 梳理逻辑	• 协助搜索 • 启发指导	• 平台讲解 • 答疑指导	• 指导完善作品 • 组织汇报交流 • 开展多元评价
教与学方法载体	• 逻辑关系图 • 图文指南	• 项目任务单 • 素材下载传输	• 相应媒体平台 • 教学微视频	• 项目评价单

课程对选课学生的要求
学生有无基础都可以,对信息技术软件学习与使用感兴趣的学生均可报名。
课程实施资源需要
计算机教室,网络可便捷使用,建议在"二龙路校区北楼二层阅览室1"。
课程评价方式

1.教学整体评价:

基于问卷开展前测、后测评价,前测主要了解学生选择本课程的原因以及希望通过学习本课程所能获得的成果,后测主要了解学生的学习效果及对本课程的评价、建议。

2.课程项目评价:

在项目开展的各主要环节,设计、制定相应的主要原则与具体要求,这既是学生在项目完成过程中的重要参考,也是学生与教师开展学习与进行作品评价的主要依据。

3.具体评价内容见下表。

主要环节	主要原则	具体要求 (以"微信公众号运营"项目为例)	评价维度
团队组建	自主性	学生可选择自行完成,或组队(包括2~3人)协作完成;组队协作应明确计划与分工,且作品要达到更高质量。	学习态度、学习参与程度:课堂考勤与课堂表现评价 ☆☆☆☆☆(10%) 学习内容掌握程度:阶段与最终作品评价 ☆☆☆☆☆(70%) 学习能力和认知能力:学生自评与他人互评 ☆☆☆☆☆(20%)
选题思考 主题确定	原创性 新颖性	学生能够依据自己的爱好、特长、关注热点等,选定主题,进行个性化思考。	
文本策划 素材集成	契合性 丰富性	学生依据选定的主题撰写相应文本,搜索集成相关素材;学生形成的文本内容、图片、视频等应与主题相契合;文本与素材的配比得当,详略合适,以体现内涵的丰富性。	
媒体学习 作品创作	合理性 美观性	学生能够选择并使用与主题内容相适应的设计样式与布局,使整体排版舒适美观。	
作品输出	顺畅性 效果性	推文的作者、摘要、合集、是否原创等元素齐全;推文顺利推送,显示顺畅,效果美观,无错位等现象。	
作品分享	思考表达	学生能够对推文的主题、文本、素材等内容进行清晰的讲解;学生能够对排版的选取、设计及相关设置进行清晰的说明;学生能够对整个项目过程有进一步的认识、进行反思或提出建议。	

附：课程材料汇集

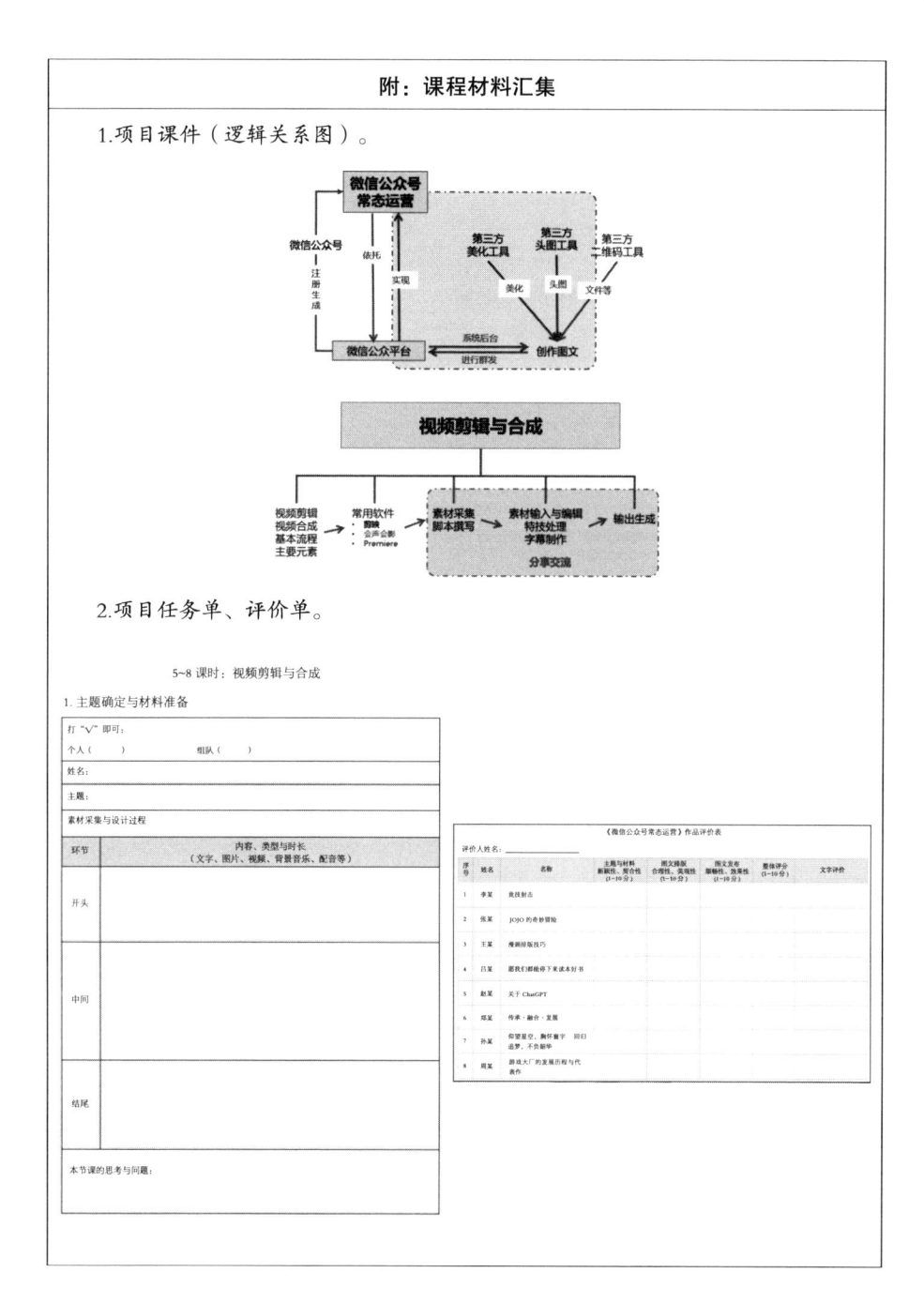

1. 项目课件（逻辑关系图）。

```
        微信公众号
         常态运营
          ↑
   微信公众号  ┊  第三方    第三方    第三方
    注册生成  依托  美化工具   头图工具   二维码工具
          ↓   实现    ↘  美化  ↓ 头图  ↙ 文件等
    微信公众平台 ──系统后台──→ 创作图文
              进行群发
    
         视频剪辑与合成
         ┌──────┼──────┬──────┐
    视频剪辑  常用软件  素材采集   素材输入与编辑   输出生成
    视频合成   剪映    脚本撰写   特技处理
    基本流程   会声会影          字幕制作
    主要元素   Premiere
                      分享交流
```

2. 项目任务单、评价单。

5~8课时：视频剪辑与合成

1. 主题确定与材料准备

打"√"即可：	
个人（ ）	组队（ ）
姓名：	
主题：	

素材采集与设计过程

环节	内容、类型与时长 （文字、图片、视频、背景音乐、配音等）
开头	
中间	
结尾	
本节课的思考与问题：	

《微信公众号常态运营》作品评价表

评价人姓名：						
序号	姓名	名称	主题与材料 新颖性、契合性 （0-10分）	图文排版 合理性、美观性 （0-10分）	图文发布 顺畅性、效果性 （0-10分）	整体评分 （0-10分）	文字评价
1	李某	竞技射击					
2	张某	JOJO的奇妙冒险					
3	王某	漫画排版技巧					
4	吕某	愿我们都能停下来读本好书					
5	赵某	关于ChatGPT					
6	郑某	传承·融合·发展					
7	孙某	仰望星空，胸怀篮球 回归运算，不负韶华					
8	周某	游戏大厂的发展历程与代表作					

3.项目资源("微视频+图文指南+素材包"的协同资源包)。

4.课程教学与作品设计、分享。

5.项目成果集锦(针对"微信公众号运营"项目,部分学生作品主题及领域)。

学生作品主题	领域	学生作品主题	领域
校园导览手册	学校或垃圾	"中秋节"	节日
传承·融合·发展		"后室世界的旅途"	小说
仰望星空,胸怀寰宇 回归追梦,不负韶华		"竞技射击"	竞技
板报		"关于ChatGPT"	科技
愿我们都能停下来读本好书	阅读	"B站UP主HOLA小测佬"	自媒体
JOJO的奇妙冒险	漫画或动漫	"游戏大厂的发展历程与代表作"	游戏
漫画排版技巧		"醋区突围——子弹"	
angel beats中把大家同化成NPC的人居然是他!		"依稀忆普雪花落,画玉渐渐清晰,唤不回典书回首"	
对二次元国内一些基础词语的介绍		"关于布蒙克家战——Toujours Pur"	电影
入国指南——关于OC、自设、皮说的区别		"楚门的世界"	

桥牌

授课教师 （或授课教师团队）	曾老师		
课程名称	桥牌		
课程类别	智育素养课程	课程"五育融合"特征	融合德育、体育
面向年级	初中、高中	预计开课时间	周二15：20~16：50

课程性质与基本理念

  桥牌是智力性体育项目之一。桥牌课程的开设主要是培养学生的文化涵养素质，提高学生的思维创造性和意志力。学生通过对桥牌的学习，初步掌握桥牌的基本原理、基本规则、主要方法。主要目标在于让学生了解和掌握桥牌的技战术，提高学生的思维能力。通过合理的实战练习，学生可以具有互相信任、互相支持、互相帮助的团队合作精神，并具有集体荣誉感。同时，桥牌课程是促进学生身心健康发展，思想品德教育、文化科学教育、生活与体育技能教育与身体活动有机结合的综合基础教育课程。它不仅有助于进行素质教育和培养全面发展的人才，还可以提升学生的综合素养和增强学生的社会交往能力。

课程核心素养与培养目标

  1.课程使学生掌握桥牌的一般方法和教学规律，使学生在初步掌握桥牌的基本原理的基础上，进一步培养思维力、创造力和文化涵养素质。为学生营造良好的校园文化氛围，培养学生的个人修养、意志品质。

  2.通过对本课程的学习，学生将：熟悉桥牌的基本规则和术语；掌握常用的桥牌叫牌体系和打牌技巧；提高逻辑推理、判断和决策能力；培养团队合作精神和沟通能力。

课程基本规划

1.课程描述：桥牌，又称桥牌运动或桥牌竞技，是一种通过叫牌进行推理的牌戏。桥牌起源于欧美，目前在中国已经拥有广泛的群众基础。桥牌课程旨在教授学生桥牌的基本规则、叫牌体系和打牌技巧，并通过实战训练提高学生的桥牌水平。

本课程采用线下授课的形式，教师将通过讲解、示范和实战演练等多种方式进行教学。学生可以在课堂上学习桥牌的基本知识和技巧，并通过实战训练提高自己的桥牌水平。此外，教师还将为学生提供课外作业和练习题目，以帮助学生巩固所学知识。

2.本学期课程预计包括12~16课时，每班人数最好控制在24人以下，具体包含以下内容：桥牌基础知识，包括桥牌历史、基本规则、术语和常用约定；叫牌体系，介绍并练习常用叫牌体系，如大梅花、大黑桃、5-4-3-2等；打牌技巧，包括如何竞叫以及如何防守等；实战训练，组织学生进行分组对抗，通过实战提高学生的桥牌水平；案例分析，通过分析经典案例，加深学生对桥牌规则和技巧的理解；团队建设活动，通过团队合作和沟通训练，提高学生的团队合作精神和沟通能力。

课程对选课学生的要求

桥牌课程对学生的选课要求主要涉及以下方面。

1. 对桥牌有兴趣和热情，愿意投入时间和精力学习。
2. 能够积极参与课堂活动和实战训练，认真完成教师布置的课外作业和练习题目。
3. 具备一定的逻辑推理、判断和决策能力，能够理解和掌握桥牌的基本规则、术语和常用约定。
4. 具备一定的团队合作精神和沟通能力，能够与队友协作配合，共同完成比赛任务。

总的来说，桥牌课程适合对桥牌有兴趣、具备一定基础知识和能力的学生。通过对本课程的学习，学生可以掌握桥牌的基本知识和技巧，提高自己的桥牌水平，同时培养团队合作精神和沟通能力。

课程实施资源需要

桥牌课程实施需要的资源如下。

1.教室和教学设备：桥牌课程需要一间配备有桌椅的教室，用于学生进行实战训练。此外，需要提供一些教学设备，如投影仪和白板，用于展示桥牌规则、术语和案例等。

2.实战训练工具：学生需要一些实战训练工具，如桥牌软件、在线对战平台等，以方便进行实战训练和模拟比赛。

3.案例库和习题集：教师需要为学生准备一些经典案例和习题集，以帮助学生巩固所学知识和提高解题能力。

4.桥牌俱乐部或组织：如果学校或地区有桥牌俱乐部或组织，可以邀请其成员参与课程活动，让学生有机会与经验丰富的桥牌爱好者交流和学习。

课程评价方式

桥牌课程评价方式主要包括以下几个方面。

1. 课堂表现：教师可以通过观察学生在课堂上的表现，评估他们对桥牌知识和技巧的掌握程度，以及参与度和积极性等。

2. 作业和练习：教师可以布置一些课外作业和练习题目，要求学生按时完成，并根据完成情况给予评价。

3. 实战训练和比赛：通过组织学生进行实战训练和比赛，观察学生的实战能力和团队合作精神，以及比赛成绩等。

4. 测试和考试：教师可以定期进行测试和考试，评估学生对桥牌知识的掌握程度和应用能力。

5. 自我评价和同学互评：教师可以引导学生进行自我评价和同学互评，让学生反思自己的学习过程和成果，同时可以从同学的评价中获得反馈和借鉴。

综上所述，桥牌课程的评价方式应该多元化，从多个角度全面评估学生的学习成果。教师可以根据实际情况选择合适的评价方式，并制定相应的评价标准和要求，以确保评价结果客观、公正和有效。同时，教师也应该注重对学生的过程性评价，及时给予学生反馈和指导，帮助他们更好地提高桥牌水平。

附：课程材料汇集

桥牌所需材料如下表所示。

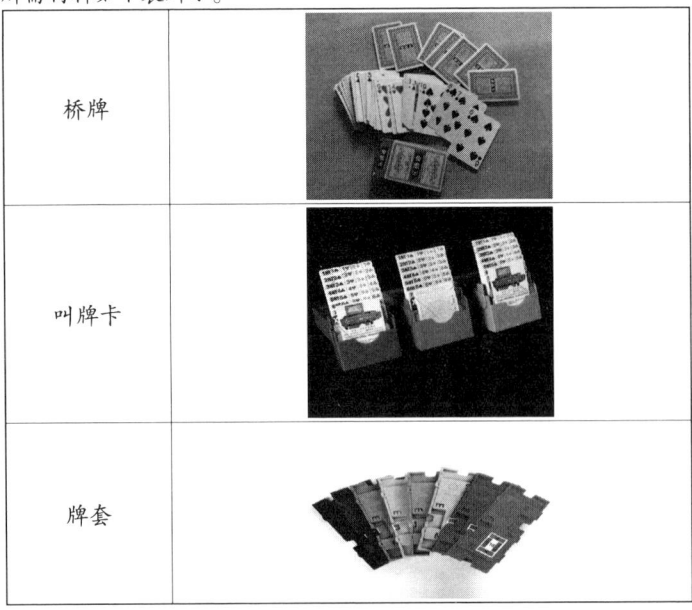

桥牌	
叫牌卡	
牌套	

手工布艺饰品

授课教师（或授课教师团队）	薛老师		
课程名称	手工布艺饰品		
课程类别	美育素养课程	课程"五育融合"特征	融合智育、德育、劳动教育
面向年级	初一、初二	预计开课时间	周二15：20~16：50

课程性质与基本理念

在中国几千年来男耕女织的传统生产方式中，女红不仅体现"妇德"，也与技艺紧密相连，反映当时社会的日常生活情况。在现代社会，女红织绣技艺已被纳入艺术与审美的范畴，具有手工技艺的造物之美，其因富有生命力的操作以及具体的装饰礼节，成为极为珍贵的艺术，其审美品格与文人士大夫的文房器物殊途同归。

布艺是传统女红，本课程想通过一些实用的布艺饰品对学生进行引导。

本课程首先介绍传统女红的种类，通过作品欣赏的方式，让学生了解本土传统手工艺的魅力。其次会根据学生的接受能力，设计一些与学生生活相关的作品。

学生从练习使用简单的工具与针法开始，不断激发创造力，设计属于自己的作品。

课程核心素养与培养目标

锻炼生活技能，发现布艺之美，热爱生活，关爱家人，亲手为家人缝制一件作品——有温度的作品，以表达对家人的爱。

课程基本规划

1.课程描述：本课程从简单程度的内容开始，根据进度慢慢增加难度，每一节课都会让学生有所收获。选材应尽量新颖好玩，以激发学生的学习兴趣，进而制作实用饰品。

2.总课时数：12周×2课时=24课时。

3.人数要求：30人以内。

4.课程安排。

课次	上半节课	下半节课
1	让学生通过课件进行图片欣赏	让学生了解传统女红，动手体验基本针法
2	让学生进行直线缝制的练习	让学生完成一件小作品
3	让学生绘制一个香囊版样	让学生裁剪制作一个香囊
4~6	让学生设计一款笔袋画出版样	让学生裁出布片、缝制笔袋
7~10	让学生自由设计一件作品	让学生参与绘制-制版-裁片-缝合过程
11~12	让学生交流学习	让学生互相分享

课程对选课学生的要求

热爱手工，有耐心。

课程实施资源需要

材料：各种布片，各种配件，针、线、缝纫剪刀、熨斗、烫板等。

课程评价方式

特别关注学生在学习过程中的兴趣、态度和情绪，使学生获得愉悦的体验，关注学生的动手能力和文化视野的拓宽情况，培养学生的传统文化精神。合理运用评价方式，激发学生对制作手工布艺饰品的兴趣。

1.教师对学生学习过程的评价：评价内容包括学习态度、行为表现、课堂目标完成情况等方面，通过观察、引导、示范、交流等方式，了解学生在实际操作中的学习进程、行为表现，分析学生的学习态度、体验及遇到的困难，给予其必要的指导。以鼓励为主，激发学生的积极性，尊重学生，同时指出存在的问题，帮助学生改进不足之处。

2.教师对学生作品的评价：对学生作品，从画面设计、材料收集、创意构思等方面进行个性化评价，以便学生准确了解自己的表现，并知道今后的努力方向。

3.学生作品互评：通过对课堂展示作品进行互评，让学生都参与进来，看到自己的进步之处和存在的问题，培养学生沟通和协作的能力，以对今后的学习起到激励和帮助作用。通过学生作品互评，教师可以进行反思，以改进教学方法。

附：课程材料汇集
另行整理。

电器工程师

授课教师 （或授课教师团队）	习老师		
课程名称	电器工程师		
课程类别	劳动素养课程	课程"五育融合"特征	融合美育、智育
面向年级	初二	预计开课时间	周二15：20~16：50

课程性质与基本理念

2022年，教育部正式印发《义务教育课程方案和课程标准（2022年版）》，将劳动从原来的综合实践活动课程中完全独立出来，并发布《义务教育劳动课程标准(2022年版)》。其中明确指出，学生应了解家庭常用电器的基本结构、工作原理和保养方法，会用螺丝刀、扳手等工具对家用电器进行简单的拆卸、清理、维修等，并能针对家用电器小故障进行判断与维修。

本课程围绕电学中的电子学展开，电子学是一门以应用为主要目的的学科。它是主要研究电子的特性和行为，以及电器元件的物理学科。电子学涉及很多学科门类，包括物理、化学、数学、材料科学等。电子技术则是应用电子学的原理设计和制造电路、电器元件来解决实际问题的技术。

本课程选取生活中的常见电子装置——感应门、雾化器、频闪灯、报警器、计数器、蓝牙音箱等，让学生通过拆解这些装置，了解电器的使用方法和修理电器的技巧，了解电器工程师的相关知识，感受电子学的魅力。

课程核心素养与培养目标

1.课程核心素养：以劳动操作为载体，以项目任务为基本单元，以体验劳动过程为基本要素，旨在让学生了解材料、能源、装备工艺等促进工程技术发展的基本要素。强调学生直接体验和亲身参与，注重动手实践、手脑并用、知行合一、学创融通。倡导"做中学""学中做"。重视学生养成安全操作意识，注重学有所得，学有所用，把真实解决问题作为任务导向。

2.培养目标：通过拆解家用电器，了解常用电器的基本内部结构和工作原理，通过组装电器元件，认识电器元件组合的多样性；了解家庭常用电器的保养和维修方法。能举例说明常见电器元件的用途，养成探究常见电子装置内部构造的意识。提升家政技能和实践操作能力，养成科学、规范地使用和保养家用电器的良好习惯。乐于尝试运用多种思路和方法，对小家电结构及功能进行探究，了解安全检测电器的方法并学会制作和检修简单电器。

课程基本规划

1.课程描述：我们的生活中到处有电器的身影，显示器是如何工作的？雾化器是如何运转的？利用手机通话的工作原理是什么？电器工程师课程把生活中的家电作为切入点，涉及从简单的电器内部元件以及电器元件在设备中的应用，到不同电器元件组合的效果等，本课程让"小小电器工程师"手脑并用，利用"拆""研""仿""创"的教学方式，实现拆中思、研中学、仿中练、创中提，让学生场景式、体验式、沉浸式地学习使用劳动课标要求的工具、维修电器、制作小家电等。

①拆一拆：让学生进行拆解真实电器，了解相关电器的内部结构及其蕴含的科学原理。

②研一研：观察电器的内部结构，通过实验了解不同电器元件在电路中所起到的作用，通过操作工具，了解不同电器元件的连接方式。

③仿一仿：在初步认知不同电器元件的特征及功能之后，使用工具尝试仿造出具有相似功能的装置，掌握电器的使用方法并学习维修的注意事项和技术要点。

④创一创：在装置制作完成后，结合自身所学的其他内容，能够将装置进行优化改装，使其具有新的功能或特点，进行二次创造。

学生通过对本课程的学习，能够透过现象，更加关注事物运转的内部原理及其工作本质，认识到科学是改变世界的重要手段。

2.总课时数：15课时。

3.人数要求：不超过30人。

4.课程内容：①电器的构成——砸碎一台显示器；②初识电器元件——用螺丝刀来"说话"；③常用的电器元件——胡乱拼凑的"电子怪兽"；④电烙铁——"电子昆虫"；⑤电动机——手持风扇；⑥高频谐振——隔空亮灯；⑦导体与绝缘体——人体导电；⑧电源——充电宝；⑨遥控器的秘密——红外发射装置；⑩无线电——无线对讲机；⑪驻极体话筒——声控韵律灯；⑫光控开关——光控灯；⑬太阳能电池板——太阳能小夜灯；⑭陶瓷雾化片——微型加湿器；⑮LED灯带——留光灯。

课程对选课学生的要求

电器工程师课程对学生有多方面的要求，主要包括以下几个方面。

1. 兴趣爱好：学生需要对电器原理、电子基础知识、电器元件的性能和使用方法，以及电子测量技术等有着浓厚的兴趣。这些是推动电器工程师课程进行的基础，对于理解电路图和进行实际操作都非常重要。

2. 实践能力：电器工程师课程注重实践，因此学生需要具备一定的动手能力。这包括焊接、组装、调试等技能，以及使用各种电子工具和测量设备的能力。

3. 创新能力：在电子设备制作过程中，学生需要具备一定的创新思维和解决问题的能力。因为在实际操作中，可能会遇到各种意料之外的问题，这需要学生灵活应对并寻求解决方案。

4. 团队合作能力：在电器工程师课程中，通常需要对学生进行分组，各组学生需要合作完成一些项目。因此，良好的团队合作能力和沟通能力也是必不可少的。

5. 安全意识：电子设备制作涉及一定的安全风险，如触电、短路等。因此，学生需要具备基本的安全意识，遵守实验室规章制度，正确使用各种设备和工具，确保自己和他人安全。

6. 除了以上几点，学生还需要具备耐心和细心的品质，因为电子设备制作往往需要花费大量的时间和精力，而且需要仔细观察和调试才能达到预期的效果。

课程实施资源需要

电器工程师课程的开设需要以下资源支持。

1. 教学场地和实验室：电器工程师课程需要进行实践操作，因此需要配备相应的可供学生使用的插座、具备通风设备的实验室或教学场地。这些场地应该具备安全、整洁、通风等条件，以确保学生在实践过程中安全和舒适。

2. 电子设备和电器元件的储存箱柜：为了让学生能够进行实践操作，需要使用各种电子设备和电器元件，如电路板、电阻器、电容器、电感器、二极管、三极管、集成电路等，有些课程需要频繁使用电器元件及工具，所以需要有一个专门的箱柜存放相关物料和工具。

3. 教学资料播放设备：为了方便学生理解和掌握电子设备制作知识，需要进行相关的资料展示，所以最好有电脑投屏设备及实物展台。

课程评价方式
电器工程师课程的评价方式主要考虑学生的知识掌握情况、技能应用情况和综合能力，以下是具体的评价方式。 　　1.课堂参与度与表现：观察学生在课堂上的表现，包括提问、讨论和小组活动等，以评估他们对电器工程师课程中的基本内容的兴趣和学习的积极性。 　　2.基础操作测试：通过简短的测试来评估学生对于工具基础知识的掌握程度，如电焊工具的使用方法及电器元件的基础知识等。 　　3.团队合作评价：在小组活动中，观察学生在团队中的表现，如沟通、协作和任务分配等方面。 　　4.创意与问题解决能力：鼓励学生提出与电器功能相关的问题或解决方案，评估其创新思维和解决问题的能力。 　　5.技术实验与观察：在实验中，观察学生操作设备、绘制电路图和电器制作完成度的情况。 　　6.个人作品展示：让学生展示自己制作的电路装置、绘制的设计图或其他相关作品，评估其创造性和技术实现能力。 　　7.口头表达与沟通：通过口头报告或讨论，评估学生表达观点、交流信息和与他人沟通的能力。 　　8.平时作业与练习：布置与课程内容相关的作业和练习，以检查学生对课堂内容的理解和应用情况。

附：课程材料汇集
电器工程师课程的材料：电烙铁、高温海绵、焊锡、发光二极管、无极二极管、红外二极管、三极管、五色环电阻、光敏电阻、MOS管、太阳能板、电容器、电感器等。

博物馆+

授课教师 （或授课教师团队）	张老师	
课程名称	博物馆+	
课程类别	美育素养课程　课程"五育融合"特征	融合德育、智育、劳动教育
面向年级	初一、初二　预计开课时间	周二15：20~16：40

课程性质与基本理念

　　本课程秉承立德树人、美育浸润、五育并举的教育理念，将美育、德育、智育、劳动教育融入教学活动各环节。本课程依据国家课程标准，关注美育方面的核心素养，设置欣赏、艺术评论、实践、讲座等内容。目的是将中外博物馆馆藏及精品展览转化为课程内容，利用数字展览、实体展览等渠道，让学生通过课程的形式得到全方位的艺术浸润。

课程核心素养与培养目标

　　本课程聚焦美术学科审美感知、艺术表现、创意实践、文化理解等核心素养。通过欣赏性和体验性学习，让学生深入了解中外博物馆馆藏的文化魅力，增进人文底蕴，激发学生的创作活力，传承与创新艺术。

课程基本规划

1.课程描述：本课程旨在通过数字文物赏析，让学生了解中西文化异同；通过艺术实践，让学生体验基于中西方文物进行创作的乐趣。

2.总课时数：30课时。

3.人数要求：20人（初一为10人，初二为10人）。

4.上课地点：后素堂一层版画教室。

5.课程内容：

①纸上春秋（5课时）

旱滩坡带字纸——文物赏析，"蔡侯纸"惊天下——文物揭秘，金关纸、扶风纸、敦煌马圈湾纸——文物笔记，"实验"泡桐纸——手工体验；

②镜里千秋（4课时）

清质·昭明铜镜历史、制作——文物赏析，玉台影见铜镜功用、艺术、发展——文物笔记；

③魔镜创作（6课时）

中西镜子艺术微讲座，魔镜设计实践，魔镜制作。

课程对选课学生的要求
爱艺术、爱生活、爱实践、爱博物馆；喜欢探究，乐于动脑、动手实践；有一定的审美基础，能够独立完成作品实践。
课程实施资源需要
数字博物馆资源、文物影像资源、文史资料。
课程评价方式
考勤——过程性评价占40%，作品——终结性评价占60%。
附：课程材料汇集
另行整理。

足球

授课教师 (或授课教师团队)	汤老师		
课程名称	足球		
课程类别	体育素养课程	课程"五育融合"特征	融合德育、智育、美育、劳动教育
面向年级	初一	预计开课时间	周一、周三、周四、周五 17:00~17:40
课程性质与基本理念			

  1.坚持"健康第一"的指导思想,以"立德树人"为根本任务,帮助学生在学练赛过程中享受乐趣、增强体质、健全人格、锤炼意志。

  2.依据认知和技能形成规律,遵循由易到难、由简到繁、循序渐进原则,营造轻松愉快、团结协作的学习氛围。

  3.从以体育人和培养学生核心素养角度出发,强调以学生全面发展为中心,注重培养学生会学习、会合作、会运动、懂运动的能力。

课程核心素养与培养目标

  1.发展速度、力量、灵敏、平衡等素质,提前熟悉并练习中考体育项目。

  2.积极进行热身和放松,在比赛中有安全防范意识,主动参与体育锻炼活动,善于沟通和交往,包容豁达,情绪稳定。

  3.养成团结协作的意识、积极进取的精神,遵守规则、尊重他人及具有正确的胜负观。

课程基本规划

  1.课程描述:本课程主要定位为学习足球基础技战术,激发学生的运动兴趣,让学生养成运动习惯,促进学生体能水平提升。

  2.总课时数:每天1课时,每周四天共4课时,16周共64课时。

  3.人数要求:男生20人(1个班)。

  课程内容主要有三个基本部分:热身准备活动部分、基本练习部分、结束放松拉伸部分。

课程对选课学生的要求
热爱足球运动，建议有一定基础的同学选报；需准备具有TF（碎钉）或IC&IN（牛筋底）的足球鞋。
课程实施资源需要
体育教师1名、足球场1个及相关练习器材。
课程评价方式
足球技战术考核占50%，出勤占20%，课堂表现占30%。
附：课程材料汇集
另行整理。

科学魔术师

授课教师 （或授课教师团队）	史老师		
课程名称	科学魔术师		
课程类别	智育素养课程	课程"五育融合"特征	融合美育、体育、德育、劳动教育
面向年级	初二	预计开课时间	周二15：20~16：50

课程性质与基本理念

科学魔术师课程是一门涉及科学知识与魔术表演的综合性课程。本课程旨在让学生了解科学原理，掌握魔术表演技巧，提高表演能力，同时培养其创新思维与团队协作精神。学生利用身边的科学原理和科学现象，辅以魔术道具和科学装置，使观众产生神奇的感官错觉。学生在具体项目实施过程中灵活运用各个学科的知识进行相关实践，结合劳动教育课标及科学课程课标要求，提高学生的综合素质，使其初步具有从具体现象或事物中提出探究问题，以及基于已有经验和知识制订简单探究计划的能力；能描述研究对象的外部特征和现象，初步具有分析处理信息并得出结论的能力；具备魔术表演、魔术作品设计与制作能力。本课程内容涵盖物理、化学、生物等多个学科领域，通过互动式学习，让学生成为擅长表演的科学魔术师。

课程核心素养与培养目标

1.课程核心素养如下。

①寓教于乐：将科学知识融入魔术表演中，让学生在轻松愉悦的氛围中学习与成长。通过一系列精巧设计的装置或机关，合理运用科学原理，展现神奇的感官效果，使原本停留在书本上的晦涩难懂、令人生畏的学科知识，通过魔术的形式变成绚烂夺目、令人称奇的奇妙现象。以此让学生了解甚至喜欢物理、化学、数学、材料科学等学科的相关知识，了解科学对于生活的影响，感受科学的魅力。

②以实践为主：通过实际操作，让学生掌握魔术表演技巧，提高表演能力，培养实践精神。

③激发自主创新：鼓励学生发挥想象力，自主创新，设计独特的魔术表演。

④团队合作：培养学生的团队合作精神，共同完成魔术表演，提高沟通能力与合作能力。

根据学生的认知特点，立足学生核心素养的发展情况，设计安全性、可操作性、科学性和趣味性相结合的科学魔术师课程。设计体现新形态、新技术、新工艺等现代劳动内容。培养学生基于证据与逻辑思考，运用分析与综合、比较与分类、归纳与演绎等思维方法，建立魔术与科学之间的关系并提出合理的见解。

2.培养目标如下。

①知识目标：让学生了解物理、化学、生物等领域的科学知识，掌握基本的魔术表演技巧。了解中外魔术发展史，学习魔术的表演方法和道具制作技巧，并通过了解魔术道具中的科学原理，认识科学运用的多样性和趣味性。

②能力目标：提高学生的动手能力、表演能力、创新能力及团队合作能力。学生通过魔术表演及制作魔术道具，培养利用科学原理设计魔术装置的能力，并以此建立现象与原理间的联系意识。

③情感目标：培养学生学习科学知识的兴趣，激发其对魔术表演的热情。让学生乐于尝试运用多种思路和方法，探究身边的科学世界，培养创新发展的能力。

④态度目标：培养学生积极向上、勤奋好学的态度，让其树立正确的价值观与人生观，能通过表演练习，培养语言表达、逻辑沟通和活动组织能力，增强自身学习和可持续发展的能力和意识。

课程基本规划

1.课程描述如下。

①互动式教学：本课程围绕科学原理的运用展开，通过师生互动、学生互动等多种形式，鼓励学生积极参与，提高学习效果。

②个性化指导：针对学生的不同需求，提供个性化指导，帮助学生更好地掌握学科知识、魔术表演技巧。

③自主探究：引导学生自主探究科学原理，培养其发现问题、解决问题的能力。

④跨学科：将科学知识与传统魔术相结合，让学生在学习表演技艺、表达能力的同时更加了解其中所蕴含的科学知识。

⑤促心智：通过学习，了解常见的魔术手法，增加阅历，使心智更加成熟，能够洞悉街头骗术和各类诈骗手法。能够透过现象，更加关注事物运转的内部原理及其工作本质，认识到科学是改变世界的重要手段。

⑥趣味性：将知识讲解与有趣的魔术表演结合起来，寓教于乐，在趣味且神秘的情境中提高对学习的兴趣。

2.总课时数：15课时。

3.人数要求：不超过30人。

4.课程内容：

①魔术发展——科学魔术师；②消失——镜子中的世界；③改变——大脑会喝水；④反自然现象——我雇地球当助手；⑤错觉——出故障的眼睛；⑥力场——爆炸骰子；⑦读心术——破译大脑；⑧预言——预知之书；⑨浮空——蜂鸟牌；⑩穿越——黑洞传奇；⑪燃烧——不灭之烛；⑫位移——月光宝盒；⑬连通——隔空喝牛奶；⑭仿生——手绢消失术；⑮魔术秀。

课程对选课学生的要求

本课程对选课学生的要求主要体现在以下几个方面。

1.好奇心与探索欲：本课程需要学生具备强烈的好奇心和探索欲。因为只有对未知事物充满好奇心，学生才会有动力学习新的科学知识，并尝试用这些知识创造神奇的魔术。

2.基础知识掌握：学生需要掌握一定的科学基础知识，如物理、化学、生物等方面的基础知识。这些知识是理解和创造科学魔术的基础。

3.实践能力：本课程重视学生的实践能力。学生不仅需要理解科学原理，还需要能够将这些原理应用到实际操作中，通过亲手做实验来体验科学的神奇之处。

4.创新思维：本课程鼓励学生创新思维方式，尝试将不同的科学原理进行组合，创造新的魔术效果。

5.耐心与毅力：学习和掌握本课程的相关知识并不是一蹴而就的事情，学生需要具备足够的耐心与毅力，不断练习和摸索，才能逐渐提高自己的水平。

6.道德素养：作为一名科学魔术师，学生需要具备良好的道德素养，如诚信、尊重他人等。在表演过程中，应遵守相关规定，不欺骗观众，尊重他人的感受。

总之，本课程对学生的要求是多方面的，旨在培养学生的科学素养、实践能力和创新精神，同时注重对学生的道德品质和团队合作能力的培养。

课程实施资源需要

本课程的开设需要以下资源支持：教学资料播放设备，这是因为为了方便学生理解和掌握相关科学知识，需要进行相关的资料展示，所以最好有电脑投屏设备及实物展台。

课程评价方式

本课程的评价不仅涉及学生的知识掌握情况，还涉及学生的技能应用、创新思维和综合素质等方面。

1.观察评价：通过观察学生在课堂上的表现、参与度和实践操作能力来评价学生的学习情况。例如，观察学生在进行科学魔术表演时的操作是否规范、是否能够正确运用科学原理等。

2.作品展示评价：学生可以完成一些科学魔术作品或表演，通过展示作品来评价他们的学习成果。老师可以评价作品的创意性、科学性和表演技巧等方面。

3.口头反馈评价：学生可以进行口头报告或答辩，介绍自己的科学魔术作品或表演，并回答老师和同学的问题。通过口头反馈评价，可以评价学生的表达能力、逻辑思维和应变能力。

4.学生互评：可以组织学生进行互相评价，让他们对彼此的作品、表演和合作能力等方面进行评价。这样可以培养学生的评价能力和团队合作精神。

5.综合评价：将以上各种评价方式综合起来，对学生的学习成果进行全面评价。可以考虑给予学生一个综合评分或等级，也可以提供有针对性的反馈和建议，以帮助他们进一步提高。

附：课程材料汇集

科学魔术师课程的材料：弹棒、镜箱、高分子吸水树脂、长短猫卡片、爆炸骰子、魔术扑克牌、心灵测试卡、年龄预言卡、预言之书、浮空隐线、黑洞传奇套装、不灭之烛、月光宝盒、隔空喝牛奶套装、仿生手指、魔术币、魔术袍、魔术帽等。

敦煌藻井羊毛毡

授课教师 （或授课教师团队）	英老师		
课程名称	敦煌藻井羊毛毡		
课程类别	美育素养课程	课程"五育融合"特征	融合德育、智育、劳动教育
面向年级	初一、初二	预计开课时间	周二15：20~16：50
课程性质与基本理念			

  羊毛纤维是羊的皮肤的变形物，羊毛可以用于纺织，保暖性强，多用于制作秋冬服装。利用戳针毡化工艺，可以将其应用到很多方面，扩大了羊毛纤维的使用范围。羊毛毡手戳艺术的背景丰富多样，它起源于古代中亚地区，并在不同文化中发展出独特的风格和技巧。它以纯手工刺绣羊毛纤维为基础，可以被应用于平面艺术、立体雕塑、饰品、玩具等领域。戳针羊毛毡是对自然、动物和人们的日常生活"致敬"，在当代被欣赏和推广。

  学生通过敦煌藻井羊毛毡课程体验，可以提高动手能力，并传承非遗知识。本课程涵盖了不同的主题和技术要点，从历史文化背景到基本技巧再到制作复杂图案，学生将逐步掌握羊毛毡制作的技能，并培养对传统手工艺的兴趣和欣赏能力。最后的展示与评价环节可以激发学生的创造力和提升其自信心，并对他们的学习成果进行总结。

课程核心素养与培养目标

知识讲解、动手实操。

课程基本规划

  1.课程描述：开设欣赏导课，通过展示图片资料、敦煌藻井羊毛毡样品，让学生了解敦煌藻井羊毛毡的历史和文化背景。

  2.总课时数：12课次×2课时=24课时。

  3.人数要求：30人以内。

4.课程安排。

课次	上半节课	下半节课
1	通过课件展示羊毛毡作品，让学生了解其设计过程、羊毛纤维的特征	让学生认识工具线：戳针的结构、泡沫垫板的功能、手指的作用，以及安全注意事项
2	教师讲解基本操作技法	教师演示手戳羊毛毡的基本技艺
3	让学生针对基础形状进行练习	让学生制作一个简单的羊毛毡圆球，达到锻炼手工技法、熟悉羊毛特性的目的
4	让学生根据之前掌握的基础，进行知识补充	让学生制作一个简单的羊毛毡动物
5	让学生检查和修正制作过程中的不完美之处	让学生再次进行细节修饰
6~10	让学生进行敦煌藻井羊毛毡制作	让学生学会由粗戳到细戳的技巧，耐心地完成作品
11	让学生完成敦煌藻井图案摆件	将图案装裱入框
12	让学生展示学习成果	让学生分享学习心得

课程对选课学生的要求
动手能力强，热爱手工，有耐心，细心，有创造能力。

课程实施资源需要
专业教室、课件展示（PPT）。

课程评价方式
从学生制作的作品创意与审美方面进行综合评分；把学生进行的有关创意作品设计的讲解作为评价辅助内容。

附：课程材料汇集

1.资料：敦煌藻井纹样解读的资料、配色的基本方法。

2.材料：羊毛纤维（各种染色羊毛纤维制品）、戳针、泡沫垫板、皮指套、配件、装裱框等。

辩论

授课教师 （或授课教师团队）	汤老师		
课程名称	辩论		
课程类别	德育素养课程	课程"五育融合"特征	融合智育、美育、劳动教育
面向年级	初二	预计开课时间	周二17：00~17：40

课程性质与基本理念

辩论也称论辩，是观点对立的双方探求真理、明辨是非、借以说服或驳倒对方的口语交际活动。生活中有辩论：在日常生活中，我们常常会发现对同一件事情，大家有不同的观点，而持不同意见的人总想说服对方，让对方接受自己的观点。历史里有辩论：在古希腊、古印度和中国的春秋战国时期，辩论都曾相当盛行，当时出现了一大批思想家、辩论家，他们都留下了传颂千秋的神奇故事。比如，苏秦、张仪游说六国，合纵连横；晏子使楚，寥寥数语，不辱使命……人的成长需要辩论。现代社会，人与人的交流活动更加频繁，我们在面对选择的时候，也需要用辩论的方式说服别人，以适应信息时代和社会发展的需要。

本课程旨在通过口语及口才训练、演讲及辩论练习等，培养学生的语言表达能力、沟通交际能力、逻辑思辨能力、分析及解决问题的能力、批判与创新的能力。

课程核心素养与培养目标

辩论是一种能够锻炼学生口语表达能力、思辨能力和辩论技巧的活动。通过参与辩论，学生能够培养自信心、团队合作意识，具有批判性思维。

以下是本课程的核心素养和培养目标。

1.**口语表达能力**：参与辩论活动，学生需要能够清晰、准确地表达自己的观点和展示相关论据，并能够倾听和回应其他人的观点。这可以帮助学生提高口语表达能力和逻辑思维能力。

2.**思辨能力**：辩论要求学生不仅能够发表自己的观点，还能够全面考虑问题，分析各种可能的角度，并进行论证，做出有理有据的判断。这种思辨能力可以帮助学生更好地理解复杂的问题，并培养独立思考的能力。

3.**辩论技巧**：学生需要掌握一定的辩论技巧，如如何提出有力的论据，如何反驳对方的观点，如何组织语言和思路等。这些技巧可以帮助学生更好地在辩论中表达自己的观点，并能够更有效地与他人交流。

4.自信心：参与辩论可以提高学生的自信心。在辩论中，学生需要在有限的时间内做出反应，表达自己的观点，应对他人的质疑和批评。通过不断的实践和反思，学生可以逐渐建立自信心，更加自如地应对各种挑战和压力。

5.团队合作意识：辩论通常是以小组形式进行的，学生需要与组内成员合作，协调各自的观点，并共同努力达成目标。这可以帮助学生培养团队合作意识和合作能力，在团队中学会倾听、尊重他人和进行沟通。

课程基本规划

1.课程描述：本辩论课程旨在引领学生了解辩论的基本要素和常规程序，掌握辩论方法和技巧，指导学生有针对性地搜集具体事例、名人名言等资料，并能对资料进行梳理和归纳。通过辩论，锻炼学生认真倾听、边听边思边记、抓住对方讲话中的矛盾或漏洞而敏捷地进行反驳的能力。引导学生在辩论过程中清晰、有条理地表达自己的观点。在辩论中学习仪表举止，尊重对方，秉持谦虚文明的态度；在辩论中辩证地看待问题，提升逻辑推理和思辨应对等能力。

2.总课时数：15课时。

3.人数要求：25人。

4.课程安排。

课次	主题	课程名称
1	辩论基础	辩论的常规流程及辩论规则
2		一辩与四辩观点定位
3	辩论理论赏析	破题的基本步骤
4		辩题分析与立论
5		攻辩的组织
6		攻辩中的遣词造句
7	辩论实操 表露/隐藏自我情感更利于当今年轻人的人际交往	解读辩题、分析观点、发表观点、总结陈词
8		模拟辩论赛
9	辩论实操 民族技艺应该保密/不应该保密	解读辩题、分析观点、发表观点、总结陈词
10		模拟辩论赛
11	辩论实操 "特种兵式旅行"与年轻人"诗与远方"是殊途同归/背道而驰的	解读辩题、分析观点、发表观点、总结陈词
12		模拟辩论赛
13	辩论实操 外来文明对中国文明利大于弊/弊大于利	解读辩题、分析观点、发表观点、总结陈词
14		模拟辩论赛
15		结课汇报：正式辩论赛

课程对选课学生的要求
参与学生需具备基本的口语表达能力、思辨能力和一定的观点知识；对辩论赛感兴趣，有一定的团队合作意识。
课程实施资源需要
多媒体教室。
课程评价方式
1.过程性评价：课程出勤情况、课堂参与情况、课程吸收掌握情况及课堂发挥情况。 　　2.期末评价：期末汇报——辩论赛。 　　3.评价标准：普通话标准、语速适中；口头、肢体语言和谐；修辞得当、表达合理；表达流畅、说理透彻；逻辑推理过程清晰；论证结果合理、有力；分工合理、协调一致；衔接有序、互为攻守；自由辩论思路清晰，气氛调节有度。
附：课程材料汇集
1.学生日常辩论稿。 　　2.课程风采照片。 　　3.课程精彩视频。

濒危动物保护：我们和它们的未来

授课教师 （或授课教师团队）	袁老师		
课程名称	濒危动物保护：我们和它们的未来		
课程类别	智育素养课程	课程"五育融合"特征	融合德育、智育、美育
面向年级	初二	预计开课时间	周四17:00~17:40
课程性质与基本理念			

1.课程性质

濒危物种保护是生态学、保护生物学中的重要内容，在实际运用中，涵盖生态学、环境科学、经济学等跨学科内容。在地球这颗蓝色星球上，有着许多亟待拯救的生命，而每个物种都在生态系统中发挥独特的作用，一旦某个物种灭绝，就将对整个生态系统产生影响，除生态价值外，许多濒危物种还具有独特的经济价值、文化价值，保护濒危动物是物种保护中的重要一环。

为了保护濒危动物，我国已经采取了一系列措施，如建立自然保护区，禁止猎杀、贩卖濒危动物等。本课程结合相关实例，以期引导学生建构正确、科学的生态观，能够运用科学思维探讨相关议题，认同物种保护的重要性，形成科学的态度，树立法治意识及培养社会责任感，并参与物种保护活动。

2.基本理念

本课程以《义务教育生物学课程标准（2022年版）》为依据，具有以下基本理念。

①立足贴切、恰当的生物学科（特别是生态学）内容，培养学生的生物学科核心素养；注重"五育融合"，在课程中融入社会主义核心价值观的基本内容和要求，发展学生的核心素养。

②紧密联系"生物的多样性""生物与环境"学习主题框架，结合每个主题下的生物学科的重要概念，联系科学、社会、技术等跨学科内容，引导学生综合运用生物学科的概念分析和解决实际问题。

③通过选择恰当的真实情境，设计多样化的学习任务，让学生积极参与到动脑、动嘴、动手的实践活动中，加深对相关生物学科的主题概念的理解，提升应用知识的能力，积极参与生态资源保护活动。

④坚持过程性评价与终结性评价相结合，创造主体多元、方法多样的课堂评价环境。

课程核心素养与培养目标

1.课程核心素养：本课程围绕核心素养开展，采用基于问题的课堂教学方式，开展真实情境下的学习实践。

2.培养目标：本课程主要融合德育、智育、美育方面的内容，主要培养目标如下。

①掌握动物保护的基础知识，帮助其建构生态观，能够认识人与自然、生物与环境的关系，能够运用概念分析和解决相关生物学科方面的实际问题。

②尊重事实证据，能够运用科学思维讨论有关动物保护的实际问题。

③能够乐于关注、深入了解相关领域的研究和实践进展。

④能够基于生态观和科学思维，理解科学、社会、技术与环境之间的相互关系，积极参与到动物保护的实践中去，树立动物保护的法治意识及培养社会责任感。

课程基本规划

1.课程描述：濒危物种是指所有由于物种自身的原因或受到人类活动或自然灾害的影响而导致野生种群在不久的将来灭绝的概率很高的物种。一个关键物种的灭绝可能破坏当地的食物链，造成生态系统不稳定，并可能最终导致整个生态系统崩解。

世界自然保护联盟（IUCN）公布的《世界濒危物种红皮书》将濒危物种分为极危、濒危、易危、近危四个等级，它们均属于优先关注和保护对象。其中，"濒危物种"是公众视野中出现频率较高的术语，一般是指数量稀少、分布区域很狭窄、在居民区附近难以见到的物种，如丹顶鹤、扬子鳄、大熊猫、华南虎等。

虽然中国是世界上动植物资源最丰富的国家之一，但从人均资源情况来看，中国是资源贫乏国家。我国的物种正在以每天一个濒危甚至走向灭绝的速度减少。全球持续变暖会导致部分动植物因不适应环境而发生数量减少、迁移甚至生态退化的情况，一些受胁物种难逃灭绝厄运。这可能使地球上多达1/6的物种消失，所以，保护栖息地，恢复被破坏的生态系统迫在眉睫。我国为了进一步加强野生动植物保护和进行受胁物种拯救繁育工作，已建立了700多个自然保护区、植物园、动物驯养繁殖中心，400多处珍稀植物保护基地以及种质资源库。

本课程旨在以丰富的濒危动物保护实例为载体，帮助学生理解濒危物种的概念，了解保护濒危物种的方法、意义与价值，并能够形成科学的态度与具备良好的社会责任感，提升科学素养。

2.课时数：16课时。

3.人数要求：建议25人左右。

4.课程安排。

背景介绍	内容	课时
背景介绍	濒危动物保护的概念及范畴	1课时
我国濒危动物及其保护实例（第一部分）	中华鲟	1课时
	扬子鳄	1课时
	朱鹮	1课时
	白鳍豚	1课时
项目式学习活动（1）	设计一个濒危物种保护宣传方案	2课时
我国濒危动物及其保护实例（第二部分）	大熊猫	1课时
	金丝猴	1课时
	藏羚羊	1课时
	东北虎	1课时
项目式学习活动（2）	自然保护区的设计原则、管理与评价	1课时
	濒危物种保护法	1课时
	设计一个自然保护区管理草案	2课时
总结	总结与鉴赏：濒危动物保护展览鉴赏	1课时

课程对选课学生的要求
无
课程实施资源需要
多媒体设备。
课程评价方式
以形成性评价（课堂互动、小组讨论、交流）为主，以终结性评价（概念图构建、项目式学习等成果）为辅。

附：课程材料汇集

1.推荐图书：

王丁、郝玉江、邓正宇：《长江的微笑：中国长江江豚保护手记》，湖北科学技术出版社，2023。

《濒危：我们与它们的未来》，[英]蒂姆·弗拉克摄影，[英]乔纳森·贝利、[英]萨姆·威尔斯撰文，[美]林肯译，天津人民出版社，2019。

汪松主编：《中国濒危动物红皮书》（兽类、鸟类、鱼类、两栖类和爬行类），科学出版社，1998。

2.其他材料以与各课时内容相关的材料为主。

物理探秘工坊：初探科学之旅

授课教师 （或授课教师团队）	王老师		
课程名称	物理探秘工坊：初探科学之旅		
课程类别	智育素养课程	课程"五育融合"特征	融合德育、美育、劳动教育
面向年级	初二	预计开课时间	2024年春季学期

课程性质与基本理念

  本课程是为初中二年级学生设计的物理探究实践课，面向刚开始系统学习物理内容的学生，旨在通过智育教育和探究实验，激发其对物理世界的好奇心和热情。在一系列实验活动中，学生可以通过动手操作和观察物理现象，获得对物理的核心概念的深层理解和具有实际应用能力。课堂上，学生既能动手制作和进行实验，探索力学、能量转换、光学、电学等物理学基础知识，还将学习如何提出科学假设、设计实验方案、收集及分析数据，并据此得出科学结论。课程中的实验活动项目，旨在连接抽象的物理理论和现实世界的实际问题，使学生在实验操作中不断发现和解决问题，培养自主学习的能力和探索科学的精神。本课程不仅仅让学生初步了解物理知识，更重要的是它培育了学生的智育素养，增强了他们的物理探究能力，为他们未来的科学学习和探索奠定了坚实的基础。

课程核心素养与培养目标

  1.科学知识与理解：学生深入理解基本的物理概念，并了解这些概念在现实世界中的应用情况。为学生提供必要的科学背景知识，以使其为进一步的学习打下坚实的基础。

  2.探究与实验技能：通过实验活动和项目制作，让学生学习如何设计实验、收集和分析数据，如何从实验中提出问题和得出科学结论。这些技能可以促进学生培养探究精神、提升实验操作能力，使其成为进行自主科学探究的学习者。

  3.批判性思维与问题解决：发展学生的批判性思维能力，让学生学会质疑，能够独立思考并解决遇到的相关问题。鼓励学生通过实践活动，不断提出假设，测试并验证，增强逻辑推理和决策能力。

  4.创新意识与实践能力：旨在激发学生的创新意识和创造力，鼓励他们在制作项目和实验中尝试新想法，通过实际操作学会如何运用物理知识解决具体的问题，并在此过程中培养实践能力和工程思维。

5.团队合作与交流：学生可以在团队协作环境中学习，提升沟通技能，学会有效合作，尊重他人的观点，共同完成任务。

6.自我管理与终身学习：通过参与课程活动，学生将发展自我管理能力，学会规划时间和资源，同时培养终身学习的习惯，为未来的职业生涯做好准备。

课程基本规划

1.课程描述：通过一系列的物理实验和制作项目，学生将探索和理解物理学的基本原理，如力的作用、能量转换、光的折射和反射、电路的构建等。

2.总课时数：15~20课时。

3.人数要求：20~30人。

4.课程内容如下。

活动1：力与运动的探究——学生通过制作简单的力学模型，探讨力和运动的关系。

活动2：能量转换与守恒——通过动手制作能量转换装置，理解能量守恒定律。

活动3：光与色彩的奥秘——利用棱镜分析光的组成，探究色彩的形成。

活动4：电与电路基础——构建简单电路，学习简单的电路设计理论，完成有趣的电器制作。

活动5：机械与结构创新设计——设计并制作一个小型机械模型，应用结构和力学原理。

课程对选课学生的要求

学生具备物理常识，对学习物理知识和探究实验原理有兴趣，具备团队合作意识；对于实验操作有基本的安全意识和责任感。

课程实施资源需要

1.场地：物理实验室或实践活动教室。

2.材料：相关实验器材、工具和材料。

3.设备：计算机、投影仪等教学辅助设备。

课程评价方式

1.出勤率：记录每次课程的出勤情况。

2.任务单完成度（占60%），根据任务单完成的质量和及时性进行评价；实践作品完成度（占30%），根据作品的创意、功能性和完成度进行评价；小组合作与参与度（占10%），评价学生在团队合作中的表现和贡献。

附：课程材料汇集

1. 提供给学生的任务单。

①学生姓名：_____ 班级：_____ 日期：_____

②实验目标：了解基本的电路元件和电路信号知识；学习矿石收音机的工作原理；实际制作一台简易的矿石收音机。

③实验步骤：阅读关于电路元件和电路信号的基础知识资料；学习矿石收音机的工作原理和组成部分；根据提供的电路图，识别并列出所需的电路元件；在老师或助教的指导下，安装和焊接电路元件；调试收音机，确保能够接收到广播信号；记录制作过程中遇到的问题及解决方案；完成后，向同学们展示并解释你的矿石收音机如何工作。

④实验问题：列出你所知道的三种常见的电路元件及其功能；简述电路信号是如何在矿石收音机中传输的；你在制作矿石收音机时遇到了哪些挑战？你是如何解决的？

⑤实验反思：在本次实验中，你学到了哪些新知识？你认为矿石收音机的实验活动对你理解电路原理有哪些帮助？如果给你机会改进你的矿石收音机，你会如何做？

⑥教师评语：

2. 提供给学生的任务导引。

①材料清单：

二极管——通常使用锗二极管，如1N34A，因为它们对无线电波的检波效率较高；耳机——高阻抗耳机，可以是晶体耳机，这种耳机对微弱信号更敏感；变容器——用于调谐不同的无线电频率；线圈——可以自己绕制线圈或购买预制的AM收音机线圈；天线——一段长线，用作接收无线电波的天线；接地线——用于将设备接地，提高接收的稳定性和清晰度；绝缘板——作为组装基座，可以是木板或塑料板；连接线——用于连接上述部件的导线；调谐旋钮——（可选）连接到变容器，方便调节频率。

②制作步骤：

准备线圈——线圈可以自己绕制，通常需要一定圈数，具体取决于你想接收的频率范围；装配变容器——将变容器安装到绝缘板上，并确保能够通过转动调谐旋钮来改变电容；连接二极管——二极管一端连接到线圈，另一端连接到耳机；连接耳机——耳机的另一端连接到接地线；安装天线和接地线——天线连接到线圈的另一端，接地线连接到系统的接地点；测试和调谐——在有无线电信号的地方，调整变容器，直到你能够接收到清晰的广播信号。

③注意事项：

线圈的圈数和直径会影响收音机的频率范围和灵敏度；变容器的电容范围会影响调谐的频率范围；使用高阻抗耳机是因为矿石收音机的输出信号非常微弱；天线的长度和位置会影响接收效果，一般而言，天线越长，接收效果就越好；适当的接地可以减少干扰，提高接收的清晰度。

千丝扇+蓝靛手工课程

授课教师 （或授课教师团队）	陈老师		
课程名称	千丝扇+蓝靛手工课程		
课程类别	美育素养课程	课程"五育融合"特征	融合智育、德育、劳动教育
面向年级	初一、初二	预计开课时间	周二15：20~16：50
课程性质与基本理念			
本课程充分利用植物纤维、天然染料，让学生进行一系列体验。 　　千丝扇：千丝扇是一种独特的中国传统扇子，以丝瓜络为骨架，经过细腻的加工和装饰而闻名。通过处理丝瓜络外衣，可以让学生了解植物的内部结构、形态。处理的过程也是解剖植物的过程，让学生在动手制作作品的同时，熟知原材料的来源。 　　蓝靛：一般涉及板蓝，板蓝的叶子含有蓝色染料。蓝靛是植物染色工艺中较古老的天然印染工艺，可追溯至秦汉时期。古法蓝晒是中国传统的染色工艺，运用自然蓝草染料将纺织品染成蓝色。本课程利用蓝靛的特性，带领学生进行探索性学习。			
课程核心素养与培养目标			
植物在生活中的应用：通过学习，让学生发现身边可以利用的素材，提高创造能力；尝试各种呈现方式，引导与激发学生敢于探索的能力。 　　千丝扇和古法蓝晒都是中国传统手工艺。 　　学生通过学习千丝扇课程了解用天然材料将扇面和骨架相结合的技巧，以增添扇子的美感和艺术价值。学生通过学习古法蓝晒课程了解蓝草的种植、采摘和制备染料的过程，学习如何将纺织品浸泡在染料中，然后通过晾晒使其染色。本课程会教授一些装饰技巧，如蓝染纹样的设计、加工、处理，以制作色彩鲜艳且富有纹理感的染色作品。 　　本课程注重传统文化的传承和手工艺的独特性，让学生深入了解中国传统工艺，并制作具有独特风格的手工艺品。			
课程基本规划			
1.千丝扇是一种中国传统手工艺品，属于民间非物质文化遗产。早在唐朝时期就已经有相关记载，其是一种充满文化底蕴的传统手工艺品，它所采用的丝瓜素材、制作工艺和装饰图案都与传统文化紧密相连。种蓝得靛，衣被乃染。古法蓝晒是一种古老的染色工艺，又叫蓝图晒印法，是一种实用的铁盐摄影工艺，即利用日晒成像的原理，当铁盐遇见阳光，只需片刻工夫，神秘的蓝色就会在纸上（布上）显现，并可以保存百年之久。古法蓝晒是一种珍贵的传统手工艺和文化遗产，国家对于古法蓝晒技艺进行了保护，将这项古老的染色工艺传承并发扬。			

2.总课时数：12课次×2课时=24课时。
3.人数要求：30人以内。
4.课程安排。

课次	上半节课	下半节课
1	开设欣赏导课，介绍非遗的概念和重要性	进行千丝扇和古法蓝晒这两个非遗项目知识的普及，让学生了解千丝扇和古法蓝晒的概念和基本知识
2	让学生尝试探索学习千丝扇的制作材料，如丝瓜络、扇子骨架等制作工具	让学生了解缝纫线、缝纫针等
3	让学生学习千丝扇的制作工序	向学生讲述在实际操作中的注意事项和技巧：干丝瓜浸泡10分钟，然后给丝瓜剥皮，去籽，去竖向的纤维
4	让学生把丝瓜络处理好	让学生开始制作自己的千丝扇，并进行后续工艺步骤
5	让学生学习古法蓝晒的制作材料，如水彩纸、布等	让学生了解古法蓝晒作品制作过程中所需的工具，如蓝晒液、滴管等
6	让学生学习使用蓝晒液和菲林片（或纸扇、布）等材料	指导学生进行古法蓝晒染色
7	让学生学习古法蓝晒工艺，包括涂抹蓝晒液、晒制等步骤	学生开始进行蓝晒的制作，注意操作方法和控制时间
8	让学生学习古法蓝晒中的后续工艺，如固定颜色和保存作品等	学生继续制作蓝晒作品，并进行相应的后续工艺处理
9~11	针对千丝扇制作中的细节和难点，设计相应的动手能力训练活动	学生在指导下进行千丝扇的制作实践，提升动手能力
12	让学生了解古法蓝晒在文创产品中的运用和创意情况，让学生进行实践设计并制作简单的蓝晒文创产品	让学生进行作品展示 让学生制作个性化扇子 引导学生将千丝扇和古法蓝晒相结合，制作个性化的扇子并学习如何在纸扇上进行纹饰和装饰

5.探究非遗传承和保护的方法和意义：
展示学生制作的千丝扇和蓝晒作品，引导学生体会和欣赏传统手工艺品的艺术魅力和文化价值。

课程对选课学生的要求
动手能力强，热爱手工，有耐心，细心，有创造力。

课程实施资源需要
专业教室，进行PPT演示。
课程评价方式
针对学生制作的作品的创意与审美情况进行综合评分，把学生进行的有关创意作品设计的讲解作为评价的辅助内容。
附：课程材料汇集
干丝瓜、剪刀、水盆、煮水工具、筷子、吸水纸巾、针线、团扇骨架、团扇包边布条、装饰团扇的贴画、干花、酒精胶、各种配件、塑料袋等。 蓝晒AB液、300克荷兰白卡纸、相框、团扇、手帕、T恤、亚克力板、长尾夹、PVC胶片、植物标本、剪纸用的纸张、剪刀、墨水、毛笔、洗涤灵、小刷子、一次性盘子、一次性手套、水盆、油性记号笔、口取纸、塑料袋、过氧化氢等。

常见芳香植物探秘实践

授课教师 （或授课教师团队）	刚老师　孙老师		
课程名称	常见芳香植物探秘实践		
课程类别	智育素养课程	课程"五育融合"特征	融合劳动教育、德育、美育
面向年级	初一	预计开课时间	周五15：20~16：50
课程性质与基本理念			

2022年颁布的《义务教育生物学课程标准（2022年版）》中指出，生物学是研究生命现象和生命活动规律的一门基础自然科学，重视探究和实践，倡导通过观察、实验、探究和跨学科实践活动等多种教学实践活动来激发学生探索生命奥秘的兴趣，加深对生物学概念的理解，形成基本的生命观念，初步养成科学思维的习惯，学会应用科学的观点、知识、思路和方法探讨或解决现实生活情境中的生物学问题，具备健康生活意识和服务社会的责任感，提升核心素养。

芳香植物是指含有芳香物质成分的植物类群，这些植物的根、茎、叶、花、果实等可以分泌、散发出芳香气味的物质（主要是酯类、醇类、酚类、醛类、酮类、醚类等芳香族化合物以及多种低级酯类化合物）。目前，全世界已经发现的芳香植物有3600多种，我国有70余科、200余属、600~800种。这些芳香植物不仅具有园林绿化价值，还具有药用保健、食用调味、提炼精油、观光旅游等多种用途，与人们的生产生活、社会发展的关系密切。

本课程引导学生对常见的芳香植物进行形态结构观察、种植养护实践、通过实验探究相关奥秘和动手制作等加深对所学生物学知识的理解，掌握科学思维方法，乐于进行科学探究实践，在小组合作和动手制作实践活动中提升合作意识和创新能力。

课程核心素养与培养目标
《义务教育生物学课程标准（2022年版）》中要培养的核心素养，是指学生通过对生物学课程的学习而逐步形成正确的价值观、必备品格和关键能力，包括生命观念、科学思维、探究实践、态度责任四个方面。 　　在本课程中，学生对常见芳香植物（松柏类、叶香类、花香类、果香类等植物）进行形态结构观察（先整体后局部、从宏观到微观，解剖切片，制作塑封标本，绘制自然笔记等），这样能够加深学生对植物结构层次、植物生活、植物与环境等方面基础知识的理解，有助于形成结构与功能观、物质与能量观、生态观等生命观念。学生对薄荷、薰衣草、迷迭香等芳香植物的种植养护，以及对月季、薰衣草、柑橘等精油提取的实验探究等实践活动，能使其运用所学知识分析、解释和解决生产生活中的实际问题，形成基于抽象与概括、分析与综合、证据与逻辑的科学思维习惯和能力，确立严谨求实的科学态度，提高探究实践能力。学生利用常见芳香植物制作松柏手工线香、香囊个性挂件、诗词塑封书签、锤敲拓染手绢、薄荷艾草驱蚊膏、手工精油香皂等，深入理解芳香植物的用途及其与生产生活、社会发展的联系，养成健康生活的态度，增强社会责任感。
课程基本规划
1.课程描述：常见芳香植物探秘实践课程是一门旨在培养、提升学生生物学核心素养的校本课后服务课程，让学生对我国常见芳香植物进行形态结构观察（涉及显微观察、塑封标本、自然笔记等）、种植养护（涉及薄荷、薰衣草、迷迭香等）、实验探究奥秘（涉及月季、薰衣草、柑橘等精油提取）和动手实践制作（涉及松柏手工线香、香囊个性挂件、诗词塑封书签、锤敲拓染手绢、薄荷艾草驱蚊膏、手工精油香皂等的制作）四个部分的探秘实践，在小组团结协作和动手实践制作中让学生加深对生物学知识的理解，掌握科学思维方法，乐于进行科学探究实践，提升核心素养和创新能力。 　　2.总课时数：32课时（共16周，一周2课时），刚老师和孙老师两位老师在实验楼五层两个生物实验室分班上课，每班为20~30人，共40~60人。 　　3.课时分配：课程概述为2课时，形态结构观察为8课时，种植养护实践为6课时，实验探究奥秘为8课时，动手实践制作为8课时。
课程对选课学生的要求
对本课程感兴趣，有团队合作意识，乐于探究实践，服从教师管理。
课程实施资源需要
实验楼五层生物实验室（配有显微镜、常规器材、多媒体设备等），需采购芳香植物实验材料（涉及种子、花卉等）、精油蒸馏器、香囊、模具、拓染材料等。

课程评价方式
考勤占20%，课堂表现占30%，学习成果占50%。
附：课程材料汇集
另行整理。

北京印象——文创产品设计与制作

授课教师 （或授课教师团队）	陈老师		
课程名称	北京印象——文创产品设计与制作		
课程类别	美育素养课程	课程"五育融合"特征	融合德育、劳动教育
面向年级	初一、初二	预计开课时间	周一17：00~17：40
课程性质与基本理念			

1.课程性质如下。

本课程是一门美育素养课程，结合了北京丰富的传统文化资源，旨在通过现代设计方法和创意思维，引导学生探索和传承北京的文化遗产。本课程不仅重视对学生艺术性和审美价值的培养，还强调提高学生的实践操作和创新能力。通过文创作品的设计与制作，学生能够将传统文化与现代生活相结合，创造具有时代感和文化特色的产品。

2.基本理念如下。

（1）强调文化传承与创新：本课程强调在尊重和理解北京传统文化的基础上，鼓励学生运用现代设计语言和工具进行创新表达，使传统文化在现代社会焕发新的活力。

（2）重视实践与体验：通过实际的文创设计项目，学生能够亲身参与到文化传承过程中，体验从创意构思到作品实现的全过程，这种实践性强的学习方式有助于加深学生对文化价值的理解。

①实现德育、劳动教育融合：本课程在设计中融合了德育、劳动教育等教育内容，例如，在设计过程中强调团队合作、责任担当等德育元素，以及通过动手实践体现劳动教育的价值。

②解决真实问题：本课程鼓励学生在面对实际问题时运用批判性思维和创造性思维提出解决方案，重视设计成果的应用价值。

③以学生为中心：本课程以学生为中心，注重学生的兴趣和需求，鼓励学生在教师指导下自主探索和学习，以实现个性化发展。

本课程旨在通过现代设计手段，让学生在实践中学习和传承北京的传统文化，同时培养学生的创新能力、审美素养和跨学科综合能力。

课程核心素养与培养目标

1. 课程核心素养如下。

①审美感知：本课程将引导学生观察和分析与北京传统文化相关的艺术作品，如建筑、绘画、书法等，以提升他们的审美标准和审美判断能力。学生通过学习北京传统文化中的美学元素，培养对美的感受力和鉴赏力。

②艺术表现：学生将利用色彩、形状、线条等视觉元素，以及对空间、时间等概念的探索，通过丰富的材料和载体设计文创产品，从而展现北京的独特之处。让学生能够在日常生活和周围环境中发现美，并将美的元素融入文创产品设计中。

③创意实践：学生将运用创意思维来解决设计中的问题，比如将传统元素与现代审美相结合，甚至对文化资源进行再创造和再利用，敏感捕捉和创新应用新文化趋势，从而制作新颖的文创产品。并且，通过丰富的材料，让学生将创意转化为实际的文创作品，如文创纪念品、文化衫、插画等。

④文化理解：学生将研究北京的历史和文化背景，理解其在中国文化中的地位和影响，认识到文化多样性的价值，以及在全球化背景下保持和传承本土文化特色的意义。通过了解文化知识，学生将学会在尊重文化传统的基础上，进行有意义的文化创新和传播。

2. 培养目标如下。

①传承与创新：学生能够理解和尊重北京传统文化，同时能够创新性地将其融入现代生活，制作具有时代特色的文创产品。

②审美能力与艺术修养：提升学生的审美能力和艺术修养，能够欣赏和创造美的事物。

③实践技能：通过实践操作，学生将掌握文创产品设计的技术和流程，能够独立完成设计项目。

④批判性思维：培养学生分析和评估文化现象的能力，以及提出创新解决方案的能力。

⑤社会责任感：通过参与文创产品设计，学生能够认识到自己在促进文化传承和文化发展方面的作用，培养社会责任感。

⑥终身学习能力：鼓励学生形成自主学习和持续探索的习惯，为终身学习打下基础。

通过本课程，学生不仅能够提升个人的艺术和设计技能，还能够在实践中深化对文化价值的认识，培养综合素质，为未来的学术研究或职业发展奠定坚实的基础。

课程基本规划

1.课程描述：本课程是一门融合传统与现代、艺术与创新的课程。在这里，我们将探索北京丰富的文化遗产，用现代设计语言重新诠释和记录这座城市的故事。本课程主题围绕北京的标志性建筑、传统艺术、民俗文化以及现代地标，旨在通过创意实践，让学生深入了解北京的历史与文化，并将运用热缩片、帆布包、T恤等材料，将北京的元素转化为独特的文创作品。

在本课程中，学生将学习如何将传统美学与现代审美相结合，如何在尊重文化传统的同时，发挥创意才能和想象力。学习制作独一无二的文创产品，无论是进行收藏，还是作为礼物分享，都是对北京文化的一次独特表达。

2.总课时数：16课时。

3.人数要求：20人（初一为10人，初二为10人）。

4.课程内容：

第1周——课程介绍与文化探索，包括课程目标与期望、北京文化概览；

第2周——创意思维与设计基础，包括创意思维训练、设计原则与元素介绍；

第3~7周——北京的传统建筑，包括故宫、颐和园等建筑的历史与艺术，建筑元素在设计中的应用、实践——建筑主题文创设计；

第8~12周——北京传统艺术，包括京剧脸谱等艺术形式、传统艺术元素的现代设计转化、实践——传统艺术元素再创作；

第13~14周——项目深化与完善，包括作品的深化与完善、设计反馈与调整、实践——作品最终版制作；

第15周——展示与评价，包括作品展示准备、展示技巧与方法、实践——作品展示与评价；

第16周——课程回顾与反思，包括课程内容回顾、学习成果反思、实践——课程反馈与建议。

课程对选课学生的要求

无

课程实施资源需要

无

课程评价方式

本课程在不同阶段采用不同的评价方式。

1.过程性评价

①课堂参与：记录学生在课堂上的讨论、提问和创意分享情况。

②作业完成度：评估学生按时提交作业的质量，包括创意草图、设计稿和最终作品。

③项目进展：定期检查学生的项目进度，给予反馈和进行指导。

2.作品评价
①创意与原创性：评价学生作品的创意程度和原创性。
②设计技巧：评估学生在设计过程中运用的技术和对材料的处理能力。
③文化理解：考查学生作品对北京文化的理解和表达情况。
3.个人展示与反馈
①作品展示：在课程结束时，学生需要展示自己的作品，并进行简短的介绍。
②学生互评：同学之间相互评价作品，提供具有建设性的反馈。
4.自我反思
①学习日志：学生定期撰写学习日志，记录学习心得、遇到的挑战和解决方案。
②自我评价：在课程结束时，学生对自己的学习过程和成果进行评价。
5.教师评价
综合表现：教师根据学生的整体表现，包括课堂参与、作业质量、项目完成情况等进行综合评价。

附：课程材料汇集

推荐图书：
刘啸：《老北京记忆》，当代世界出版社，2017。
白藕：《新时代文创产品设计》，清华大学出版社，2023。

播音与主持艺术

授课教师 （或授课教师团队）	赵老师		
课程名称	播音与主持艺术		
课程类别	智育素养课程	课程"五育融合"特征	融合智育
面向年级	初一	预计开课时间	周二15：20~16：50
课程性质与基本理念			

让学生了解语音和发声的相关理论知识，具备必需的语音和发声能力。让学生用学到的知识指导自己的发音，进行用声实践，以为后面的专业学习奠定良好的语音和发声基础。

课程核心素养与培养目标

1.通过学习，掌握语音和发声的理论知识。
2.学习用气发声的基本方法。
3.熟悉常用词语，做到读音准确。
4.掌握吐字技巧，做到吐字清晰。
5.根据表达内容和感情色彩，能够灵活运用气息和声音。

课程基本规划

1.课程内容包括：播音主持语言与发声课程介绍、课程目的与学习方法、声母发音、韵母发音、普通话音调、儿化音、配音节目赏析、配音秀、《中国主持人大赛》赏析、结课展示。
2.总课时数：15课时。
3.人数要求：15~25人。

课程对选课学生的要求

1.声音：声音是播音主持的立身之本，饱满悦耳的声音是学习播音主持最重要的条件。但是，这并不是要求学生现在就拥有华丽的嗓音，学习是一个渐进的过程，只要是发音正常、健康，有一定的发声特色就可以。
2.外形：形象很重要，很多人认为只要长得漂亮就可以做主持人，其实不是这样的，现在的主持人更多地注重内涵美和个性美：五官端正，气质大方，轮廓清晰，身材匀称，整体上有亲和力，等等。
3.情感：要有情感感受力和较好的语言表达力。播音主持时需要丰富、敏锐的情感，并且对所说的内容有所触动，做到有感而发，进行声情并茂地表达。

课程实施资源需要
无
课程评价方式
评价一：考勤。 评价二：课堂表现。 评价三：结课展示。
附：课程材料汇集
相关课程材料如下。

- lovelive
- 凹凸
- 凹凸世界
- 白蛇传
- 陈乔传
- 刺客伍六七
- 斗罗大陆
- 疯狂动物城
- 乐高
- 流浪地球
- 佩奇-消音
- 配音大赛
- 小猪佩奇
- 甄嬛传

- 播音发声 共鸣控制
- 播音发声 喉部控制
- 播音发声 呼吸控制
- 播音发声 口腔控制
- 播音发声 情声气的结合
- 播音发声 声音弹性
- 播音发声
- 第二单元 声母
- 第二单元 声母训练
- 第六单元 语流音变 变调
- 第六单元 语流音变 词语格式
- 第六单元 语流音变 儿化的发音训练
- 第六单元 语流音变 轻声
- 第六单元 语流音变 一、不、啊变调
- 第七单元 普通话语音综合练习
- 第三单元 韵母
- 第三单元 韵母辩证及强化训练
- 第四单元 声调
- 第四单元 声调训练
- 第五单元 音节结构与声韵拼合关系

茶艺

授课教师 （或授课教师团队）	家—校—社 融合资源授课教师团队		
课程名称	茶艺		
课程类别	智育素养课程	课程"五育融合"特征	融合德育、美育
面向年级	初一	预计开课时间	周二15：20~16：50

课程性质与基本理念

本课程可以被描述为一门综合性的实践课程，旨在通过对茶艺的学习和实践，培养学生的综合素养。

基本理念包括以下几个方面。

①综合性：强调本课程不仅仅让学生学习泡茶的技巧，更是一门融合了多种知识和技能的综合性课程。

②实践性：注重学生的实践操作，通过泡茶、品尝等活动，培养学生的动手能力和实践经验。

③文化传承：传播中国茶文化，让学生了解茶文化的历史、内涵和价值，让学生对传统文化产生尊重和热爱。

④审美教育：引导学生欣赏茶艺的美感，涉及茶具的设计、茶艺表演的艺术性等，提高学生的审美素养。

⑤品德教育：在茶艺活动中培养学生的品德，让其学习相关礼仪，做到尊重他人、谦虚、耐心等。

⑥个性化发展：鼓励学生在茶艺学习中发挥个性，理解茶艺知识和进行相关表达。

课程核心素养与培养目标

1.课程核心素养如下。

①文化理解：让学生理解和欣赏中国茶文化，包括茶文化的历史、传统、礼仪等。

②审美素养：提高学生对茶艺美学的感知和欣赏能力，包括对茶具的欣赏、茶艺表演的艺术性等。

③实践能力：通过实际操作，培养学生的泡茶技能和动手能力。

④品德修养：在茶艺活动中，培养学生尊重他人、谦虚、耐心等。

⑤团队合作：在小组活动或合作中，培养学生的团队合作精神和沟通能力。

2.培养目标如下。

①学生能够了解不同茶叶的特点和冲泡方法。

②学生能够掌握基本的茶艺表演技巧，并能够进行简单的茶艺表演。

③学生能够通过品茶，提高对茶叶品质的判断和欣赏能力。

④学生能够理解并遵守茶艺礼仪和规范，培养良好的行为习惯。

⑤学生能够感受中国传统文化的魅力，增强对传统文化的认同感。

⑥通过茶艺活动，培养学生的耐心、细心和专注度。

课程基本规划
1.课程目标如下。 ①让学生了解茶艺的基本知识和文化内涵。 ②培养学生的茶艺技能，包括泡茶、品茶等。 ③提高学生的审美情趣和文化素养。 2.课程内容如下。 ①茶艺基础知识：介绍茶叶的种类、特点与茶具的使用等。 ②泡茶技巧：演示和指导学生掌握正确的泡茶方法。 ③品茶艺术：教导学生如何品尝茶叶，欣赏茶的色、香、味。 ④茶艺表演：让学生学习简单的茶艺表演，如茶艺手势、茶艺礼仪等。 ⑤茶文化讲座：向学生讲解茶文化的历史、发展和传统。 ⑥实地考察：参观茶园或茶博物馆，让学生了解茶叶的种植和加工过程。 3.课程安排：2月27日开课，每周1次课，每节课为90分钟，共10次。 本课程旨在让学生了解茶艺文化，掌握基本的泡茶和品茶技巧。通过课堂教学、实践操作和实地考察等方式，提高学生的审美情趣和文化素养。
课程对选课学生的要求
1.对茶艺或中国传统文化有兴趣，愿意主动学习和探索。 2.具备一定的动手能力和学习能力，能够积极参与实践操作。 3.有良好的团队合作精神，能够与同学友好相处、共同学习。 4.遵守课堂纪律，尊重师长和同学，保持良好的学习态度。 5.能够按时完成作业和课程任务，积极参与课堂讨论和活动。
课程实施资源需要
1.教材和教学资料：选择适合初一学生的茶艺教材、参考图书、视频资料等，帮助学生系统学习茶艺知识。 2.茶具和茶叶：准备足够数量的茶具，如茶壶、茶杯、茶盘等，以及各种不同类型的茶叶，以供学生实践操作和品尝。 3.教学场地：安排专门的茶艺教室或活动场地，确保学生有足够的空间进行学习和实践。 4.师资：聘请专业的茶艺师或有相关经验的教师来授课，确保教学质量。 5.时间安排：合理安排课程时间，确保学生有足够的时间学习和实践茶艺。 6.资金支持：考虑购买教材、茶具、茶叶等所需的资金，以及可能需要的培训费用。 7.社区资源：与当地的茶艺协会、茶馆或茶文化机构合作，以获取更多的资源和支持。

课程评价方式
1.课堂表现：观察学生在课堂上的参与度、学习态度、团队合作能力等，及时给予反馈和进行指导。 2.作业和测验：布置作业和进行测验，考查学生对茶艺知识的掌握程度和应用能力。 3.实践操作：在实践操作中，观察学生的技能掌握情况和操作规范程度，给予有针对性的指导和进行评价。 4.小组合作评价：通过小组合作项目，评价学生的团队合作能力、沟通能力和问题解决能力。 5.自我评价：引导学生对自己的学习过程和成果进行反思和评价，培养自我管理和自我提升的能力。 6.家长评价：邀请家长参与学生的学习过程，了解学生的学习情况，进行反馈和提出建议。
附：课程材料汇集
1.教材：选择适合初一学生的茶艺教材，内容涵盖茶叶的基础知识、茶艺技巧、茶文化等。 2.茶具：准备各种茶具，如茶壶、茶杯、茶盘、茶匙等，让学生在实践中学习、使用。 3.茶叶：提供不同种类的茶叶，让学生品尝和了解不同茶叶的特点。 4.教学 PPT：制作教学 PPT，以用于讲解茶艺知识和展示操作步骤。 5.视频资料：收集有关茶艺表演、茶文化介绍的视频资料，以丰富教学内容。 6.实践记录表格：设计可以记录学生实践操作的表格，以方便学生记录自己的学习过程和成果。 7.茶文化资料：收集与茶文化相关的图书、文章、图片等，帮助学生深入了解茶文化的内涵。 8.学习资料：准备一些与茶艺相关的学习资料，如茶文化故事、茶艺历史等，以供学生自主学习。 9.评价工具：制定课堂表现评价表、作业评价表等，以用于评价学生的学习成果。 10.学生作品：收集学生在课程中的作品，如茶艺表演照片、心得体会等，展示学生的学习成果。

寻脉京华——北京通史

授课教师 （或授课教师团队）	翟老师		
课程名称	寻脉京华——北京通史		
课程类别	智育素养课程	课程"五育融合"特征	融合德育、美育
面向年级	初一、初二	预计开课时间	周二15：20~16：50

课程性质与基本理念
1.课程性质：本课程是以北京地区从古至今的历史为教学对象的历史学科校本课程，通过对北京历史的梳理和探究，培养学生的历史学科素养，增强学习历史的兴趣。 2.基本理念：本课程以培养学生历史学时空观念、史料实证、历史解释等核心素养为根本目的，同时注重学生对历史文化知识的积累、人文底蕴的培养，厚植乡土和家国情怀。本课程注重历史学科与地理、语文等学科的交流，探寻北京这一学生熟悉而温情的地理空间的时间脉络。本课程注重课堂交流互动与课后自主学习，设计了新颖的开放性实践作业，让学生在动脑的同时动腿、动手，通过查找资料、阅读史料、实地考察等实践环节，切身感悟、触摸身边的北京历史，以弥补传统历史课堂的缺陷。

课程核心素养与培养目标
1.课程核心素养：涉及历史学科五大核心素养（唯物史观、时空观念、史料实证、历史解释、家国情怀）。 2.培养目标如下。 ①会做人：培养学生对乡土和家国的深厚情感，体会爱国、创新、包容、厚德的北京城市精神。 ②会求知：培养学生的历史学科素养，增强学生学习历史的兴趣，积累历史文化知识。 ③会办事：让学生查找资料、阅读史料、实地考察等，学会利用城市文化设施，培养自主学习和实践能力、交流合作能力。 ④会生活：通过对北京城街巷、建筑、园林等实体景观的欣赏，培养学生的审美情趣；让学生对所生活的城市有更深入的了解，培养学生的社会责任感和增强主人翁意识。

课程基本规划

1.课程描述：北京是中国的首都，是一座古老与现代交相辉映的历史文化名城。3000余年建城史、800余年建都史，使北京拥有俯拾皆是的历史古迹和人文景观。作为我们生活的城市，你对北京的历史了解有多少？让我们把文献、实物、图像史料作为穿越时空的三驾马车，拨开重重迷雾，探寻京华大地的历史发展脉络，了解、传承斯土斯民的故事与记忆。

2.课时数：一周2课时，共30课时。

3.人数要求：20~40人。

4.课程内容如下。

①先秦时期的北京——燕蓟探源：北京地区的原始文化遗存、两周时期的蓟城与燕国。

②汉唐时期的北京——帝国东北的边疆州郡：1.秦汉魏晋南北朝的广阳郡（燕郡）、2.隋唐五代的幽州——河北中心地位的确立。

③辽金元时期的北京——草原民族君临中原的舞台：辽南京——北京陪都之始、金中都——北京建都之始、元大都——北京大一统王朝都城之始。

④明清时期的北京——天子脚下的帝京：明清的京师顺天府、明清北京城的建立和布局、明清北京城的水系、宫殿和园林、明清北京的经济与社会、明清北京的学术与文化、明清北京的民族与宗教。

⑤民国时期的北京——新旧交织的故都：晚清北京的变革、北洋政府时期的北京、国民政府时期的北京、抗日、解放战争时期的北京、北京近代社会经济的发展与变革、北京近代民俗文化的形成。

⑥中华人民共和国成立以来的北京——破茧重生的首都：中华人民共和国成立后北京城的破与立、改革开放以来北京的发展。

5.总结：北京历史发展过程中的特点与城市性格。

课程对选课学生的要求

对历史学科感兴趣，热爱北京历史文化。

课程实施资源需要

多媒体教室。

课程评价方式

1.主要对作业完成情况进行考核。

2.本课程分为六个章节，每两个章节布置一次开放性作业，共有三次作业（涉及首博文物探访、北京城古建打卡、街巷地区历史写作）。对于每次作业，学生有一个月左右的时间，完成后，学生进行展示汇报，老师综合纸质作业和展示汇报的表现评分。

3.针对课堂讨论、发言等表现加分。

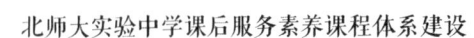

附：课程材料汇集
推荐图书： 北京市地方志编纂委员会编著：《北京志》，北京出版社，2018。 北京大学历史系《北京史》编写组编：《北京史》，北京出版社，1985。

我是美食家

授课教师 （或授课教师团队）	杨老师		
课程名称	我是美食家		
课程类别	食育课程	课程"五育融合"特征	融合德育、智育、体育、美育、劳动教育
面向年级	初一	预计开课时间	周二15：20~16：50

课程性质与基本理念

　　本课程是一门结合中国传统节日、节气知识与相关美食的综合性课程。食育是涵盖了德、智、体、美、劳多方面教育的一个体系。食学教育是培养个人良好饮食习惯和生活态度的教育，不仅涉及食物来源、制作过程和营养价值等基础知识，还涵盖健康饮食文化。本课程以学生素质教育为出发点设计科学食育课题，引导学生以小组为单位，共同参与，情景式体验食物的来源及食物的制作过程。本课程进行个性化的总结和分享，落实以学生为本的教育理念，让学生对食育文化中节粮、安食有深而精的理解，加强对食物营养、食品安全的认识，对食物产生感恩之心。让学生玩中学、做中学，使饮食与文化、健康、教育相结合，从而达到"以食育人"的教育目的。

课程核心素养与培养目标

　　1.课程核心素养如下。

　　食育，是生存之本、教育之本，其中，择食力是孩子营养素养的体现之一。食育教育通过饮食开展教育及饮食教育两个方面，让学生参与完整的食材种植过程，进行食材的处理、烹饪及餐后收拾等，培养学生简单的耕食生活能力，增强学生的择食能力，培养学生的健康饮食习惯，使其与食物产生良好的感情，从而感恩食物、敬畏大自然。

　　2.培养目标如下。

　　①知识目标：让学生了解节气美食的相关知识，这涉及从了解节气、了解中国传统节日相关知识到掌握美食的制作技巧。

　　②能力目标：提高学生的动手能力、创新能力及团队协作能力。学生通过小组合作、小组讨论、分工制作培养实操能力及团队协作能力。

　　③情感目标：培养学生学习节气知识的兴趣，激发其对制作美食的热情。

　　④态度目标：培养学生积极向上、勤奋好学的态度，让其树立正确的价值观与人生观，能通过美食制作练习，培养语言表达、逻辑沟通和活动组织能力，增强自身学习和可持续发展的能力和意识。

课程基本规划

1.课程教学计划：本课程以食物的来源、食物的制作方法、食物的营养价值、合理选择食物、食品安全、食物的文化传承六大方面为主要内容。根据学生情况进行科学合理的规划设计。根据节日选择相应的美食，不仅让学生了解其背后的小故事，还要清楚其选材的特殊性。根据所选材料，让学生制作传统节日美食。

2.课程内容：探究经典传统美食，体验白与黑的汤圆文化（汤圆）；探究春季养生之道，制作养生花茶（春季养生茶）；探究民俗小吃，制作吉祥美食（太阳糕）；探究清明美食，传承美食文化（青团）；了解老北京小吃文化，探究传统小吃制作方法（驴打滚）；探究天然色素应用，学习中国面食文化（蔬菜面）；探究谷类食物，制作创意主食（时蔬饭团）；探究花样美食，制作五彩圆子（糯米圆子）；学习传统节日文化，练习美食技艺（饺子）；学习中国面食文化，探究创意面点制作方法（花馍）；学习中医保健理论，制作养生小吃（黑芝麻丸）；探究膳食宝塔，学习营养搭配（寿司）；探究衣冠疗法原理，认识中草药及其用途（香囊）；探究绿豆性状，制作清热小食（绿豆糕）；探究解暑小吃，制作爽口冰粉（清凉冰粉）。

课程对选课学生的要求

本课程对选课学生的要求主要体现在以下几个方面。

1.好奇心与探索欲：制作各式美食时需要学生具备强烈的好奇心和探索欲，对美食的历史渊源进行探究，只有体会前人的创造力和精神才能更好地完成美食制作。

2.掌握基础知识：学生需要掌握一定的美食制作基础知识，如和面、切菜等。掌握这些知识是制作美食的基础。

3.实践能力：重视学生的实践操作能力。学生不仅需要了解各种节气美食的相关知识，学会操作方法，还需要能够将相关原理应用到实际操作中，通过实践感受美食的魅力。

4.创新思维：鼓励学生发挥创新思维的作用，尝试把不同的制作方法进行组合，创造新的美食。

5.耐心与毅力：学习和掌握一种美食的制作方法并不是一蹴而就的事情，学生需要具备足够的耐心与毅力，不断练习和摸索，逐渐提高自己的水平。

6.道德素养：作为一名美食家，学生需要具备良好的道德素养，如诚信、尊重他人等。在实际制作过程中，应遵守相关规定，尊重他人的感受。

总之，本课程对学生的要求是多方面的，旨在培养学生的科学素养、实践能力和创新精神，同时注重对学生的道德品质和团队合作能力的培养。

课程实施资源需要
本课程的开设需要以下资源的支持： 教学资料播放设备。这是因为为了方便学生理解和掌握美食的相关知识，需要进行PPT等相关资料展示，所以要用电脑。
课程评价方式
本课程不仅要评价学生的知识掌握情况，还要评价学生的技能操作应用、创新思维和综合素质等方面。 1.观察评价：通过观察学生在课堂上的表现、参与度和实践操作能力来评价学生的学习情况。例如，观察学生制作美食时是否规范、是否能够正确运用工具等。 2.作品展示评价：学生可以完成课程美食的制作，通过展示作品来评价他们的学习成果。老师可以评价作品的色泽、造型、精细程度等。 3.口头反馈评价：学生可以进行口头报告或答辩，介绍自己的制作过程，并回答老师和同学的问题。通过口头反馈，可以评价学生的表达能力、逻辑思维和应变能力。 4.学生互评：可以组织学生进行互评，让他们就彼此的作品进行评价。这样可以培养学生的评价能力和团队合作精神。 5.综合评价：将以上各种评价方式综合起来，对学生的学习成果进行全面评价。可以考虑给予学生一个综合评分或等级，也可以提供有针对性的反馈和提出建议，帮助他们进一步提高相关技能。
附：课程材料汇集
食材工具：低筋面粉、中筋面粉、糯米粉、绿豆粉、黄豆粉、艾草粉、白凉粉、豆沙、蜂蜜、牛奶、菠菜、南瓜、黄瓜、胡萝卜、牛肉、海苔、肉松、黑芝麻、黄油、玉米油、白砂糖、红糖、番茄酱、沙拉酱、酸枣仁、枸杞、肉桂、甘草、茯苓、桑葚、黄芪、当归、麦冬、大枣、艾草、陈皮、紫苏、薄荷、藿香、丁香、调味料等。

衍纸艺术

授课教师 （或授课教师团队）	孟老师		
课程名称	衍纸艺术		
课程类别	美育素养课程	课程"五育融合"特征	融合智育、德育、劳动教育
面向年级	初一、初二	预计开课时间	周二15：20~16：50
课程性质与基本理念			
1.让学生了解衍纸的发展历史。 2.通过学习和欣赏，培养学生的审美能力和动手能力，提升学生的创造性思维能力、表现生活和表达自己的思想情感的能力。			
课程核心素养与培养目标			
1.掌握衍纸工艺、制作技法，进行相关技能培养与实践。让学生运用衍纸基本造型创造作品。 2.提高学生的审美修养与创新精神。			
课程基本规划			
1.课程描述：本课程从多角度展开，认识衍纸艺术，用各种形式进行创作，如平面画、立体画、与生活贴近的书签、挂件、扇子、耳饰等，并结合二十四节气和传统节日进行创作，激发学生的创作欲望和热情，减轻学生的负担和压力，让其在课上完成作品，不允许其回家完成。 2.总课时数：20课时（10课次）。 3.人数要求：24人以内。			

4.课程安排。

课次	上半节课	下半节课
1	1.衍纸艺术又叫卷纸装饰工艺，就是用专业的工具将细长的纸条一圈圈卷起来，成为一个个小零件，然后用这些样式复杂、形状各有不同的"零件"进行创作。据说这种风格奇丽的纸艺术起源于15~16世纪的欧洲修道院。 2.衍纸是一种简单而实用的生活艺术，运用卷、捏、拼、贴等方式完成。衍纸做起来相当简单，只要抓住操作要领，把每一个小部件组合起来，以一点点耐心和创意就能创作出美轮美奂的作品。	1.进行作品展示欣赏、实际操作，讲解基本卷的练习方法。发给学生一张卡片，让其粘贴在这节课学会的基础卷上，创作小图案。 2.2人一组制作模型——五檩硬山下架。
2	二十四节气蕴含着丰富的文化内涵，是中华民族悠久历史文化的组成部分，2016年11月30日，二十四节气被正式列入联合国教科文组织人类非物质文化遗产代表作品名录。	本节课选取春季的一个节气（春分、雨水、谷雨等），用基础卷的眼睛卷、泪滴卷和柳叶卷制作一幅作品。
3	书签，是在阅读的过程中，对阅读页数的标记，以方便下一次阅读。其可以具有象征意义，这是对内心情感的表达，还可以是希望认真读书，这是小小的祝愿，特别有文化气息。学生可以把自己制作的漂亮书签送给好朋友。	学生可以用基础卷创作一个漂亮的小书签。
4	蝴蝶，在自然界中自由飞翔，因此被视为自由的象征。蝴蝶翅膀上有很多颜色和图案，非常漂亮，因此被视为美丽的象征。	发挥创造力，制作各种形状的蝴蝶。
5	选择二十四节气中夏季的一个节气（如立夏、夏至、大暑）。	学生可以用基础卷制作一幅小画。
6	团扇，是中国汉族的传统工艺品，代表团圆友善、吉祥如意。由于团扇大多是圆形的，因此代表团圆、团聚，同时，团扇有吉祥的寓意，预示着好运幸福。	让学生用多种图案制作一个漂亮的团扇。
7~10	学生共同完成一幅大作品。	本学期小结：针对每位学生的进步成长情况和创新能力、表现能力，进行一个小的作品展览。

课程对选课学生的要求
无
课程实施资源需要
1.材料：0.5厘米和0.3厘米各色衍纸条、各色大小硬卡纸、相框、空白团扇。 2.工具：衍纸笔、剪刀、镊子、白乳胶、衍纸尺、纸托盘、珠针等。 3.设备：有投影仪（用于投屏课件）。 4.清洁用具：扫把、抹布、垃圾桶等。
课程评价方式
特别关注学生在学习过程中的兴趣、态度和情绪，使学生拥有愉悦的体验，关注学生的动手能力和文化视野的拓宽情况，关注学生学习传统文化的情况。合理运用评价结果，改进学习方法，激发学生对衍纸艺术的兴趣。 1.教师对学生学习过程的评价：评价内容包括学习态度、行为表现、课堂目标完成情况等方面，通过观察、引导、示范、交流等方式，了解学生在实际操作中的学习进程、行为表现，分析与把握学生的学习态度、体验及遇到的困难，给予其必要的指导。以鼓励为主，激发学生的积极性，尊重学生，同时指出存在的问题，帮助学生改进不足。 2.教师对学生作品的评价：针对学生作品，从画面设计、材料收集、创意构思等方面进行个性化评价，以便学生准确了解自己的表现，并知道今后的努力方向。 3.学生作品的互评：通过进行课堂展示和作品互评，让学生都参与进来，看到每个人的进步和作品中存在的问题，培养学生沟通和协作的能力，以对今后的学习起到激励和帮助作用。通过学生作品的互评，教师可以进行反思，以改进教学方法。
附：课程材料汇集
另行整理。

物华天宝——宝玉石鉴赏

授课教师 （或授课教师团队）	宝石系列课程备课组		
课程名称	物华天宝——宝玉石鉴赏		
课程类别	智育、美育素养课程	课程"五育融合"特征	融合德育
面向年级	初中	预计开课时间	2024年3月
课程性质与基本理念			

1.课程性质如下。

本课程以宝石学、矿物学为基础，结合国内外珠宝、玉石鉴定标准和市场信息，借鉴国际知名团体、机构的评估方法和实践经验，针对中国珠宝、首饰行业特点，系统全面地介绍天然宝石、天然玉石和天然有机宝石中重要品种的历史文化、质量评价方法、鉴定技巧、开采加工、设计制作等内容。同时，通过首饰设计和结艺技巧等动手实践，提升学生的创造力和审美能力。本课程为地理课后服务课程，致力于结合宝石学知识，培养学生欣赏、鉴定宝石的能力，帮助学生提升民族自豪感和文化自信，传播珍惜自然、爱护自然的理念，这是对地理课程内容的补充与延续。

2.课程基本理念如下。

①提升素养：鼓励学生通过认识和鉴赏宝石，增强人文底蕴和科学思想。

②学科交叉：融合历史、人文、地质、设计等学科知识，拓宽学生的认知视野。

③德育为先：以传播地质科学理念、优秀文化为主，以普及科学知识为辅，使学生形成文化自觉。

④实践导向：通过绘画、结艺的方式，设计、制作独一无二的饰品。

⑤成果可视化：将学生的实践成果以可视化形式呈现，增强其成就感，不断提升学生的审美水平。

课程核心素养与培养目标

1.课程核心素养如下：

①学科素养——培养学生认识、了解宝石的素养。

②美育素养——培养学生欣赏珠宝之美的素养。

2.培养目标如下：

①使学生对宝玉石品种形成系统的认识；

②培养学生树立正确、科学的历史观、价值观，辩证认识事物。

课程基本规划

1. 课程描述：本课程将带领学生走进宝玉石的世界，通过思路指导、动手实践、文献查阅等方式，让学生深入了解宝石学专业知识，对各类宝石的历史文化、基本性质、质量评价、产地特征、开采加工和市场发展情况形成整体认知。同时，让学生掌握基本的中国编结艺术和首饰设计技巧，培养学生的审美能力、想象力、创造力和动手能力。

2. 总课时数：16课时。

3. 人数要求：20人。

4. 课程内容：①至臻至美——四大名贵宝石及彩色宝石；②生命瑰宝——有机宝石；③文明信仰——玉石及玉文化；④去伪存真——宝石简易鉴定；⑤工匠智慧——宝玉石加工与中国结艺文化技巧；⑥匠心独具——首饰设计基础与色彩表现。

课程对选课学生的要求

1. 对地质科学知识、宝石历史文化、中国传统文化、绘画、编结有浓厚的兴趣。
2. 具备一定的动手能力。

课程实施资源需要

1. 可视化制作软件和设备。
2. 实践活动场地和工具。

课程评价方式

本课程采用综合评价方式，旨在全面反映学生在课程学习中的表现和能力提升情况。同时，鼓励学生进行自我反思和总结，以便更好地指导学生未来的学习和实践。

附：课程材料汇集

1. "工匠智慧——宝玉石加工与中国结艺文化技巧"课程所需材料：待定。

2. "匠心独具"——首饰设计基础与色彩表现课程所需材料：铅笔、橡皮、直尺、具有一定厚度的A4水彩纸/3~5张白卡纸、彩色铅笔、水彩颜料、涮笔杯、尖头毛笔、细勾线笔/签字笔、美纹胶带（可选）。

德育素养专题课

授课教师 （或授课教师团队）	修老师		
课程名称	德育素养专题课		
课程类别	德育素养课程	课程"五育融合"特征	融合智育、美育、劳动教育
面向年级	初二	预计开课时间	2023~2024学年春季学期

课程性质与基本理念
"道德与法治"在小学"品德与生活""品德与社会"和初中"思想品德"的基础上设置而成。"新课标"明确指出，思政课是落实立德树人根本任务的关键课程，"道德与法治"课程是义务教育阶段的思政课，旨在提升学生的思想政治素质、道德修养、法治素养和人格修养等，增强学生做中国人的志气、骨气、底气，为培养以实现中华民族伟大复兴为己任的有理想、有本领、有担当的时代新人打下牢固的思想根基。所以，"道德与法治"课程是融道德教育、生命安全与健康教育、法治教育、中华优秀传统文化与革命传统教育、国情教育等为一体的综合性、实践性课程，具有政治性、思想性、综合性、实践性特征。

课程核心素养与培养目标
1.课程核心素养：学生发展核心素养是指学生应具备的、能够适应终身发展和社会发展需要的正确价值观、必备品格和关键能力。核心素养是学生学习一门课程或进入特定学习领域之后所形成的、具有学科本质特征的关键成就，是学科育人价值的集中体现。   2.培养目标："道德与法治"核心素养是义务教育阶段学生通过本课程学习逐步形成的知识、能力、情感态度和价值观等方面的综合素养，通过对本课程的学习可以帮助学生在解决真实情境中的问题时树立正确的价值观，拥有必备的品格，具有关键能力，包括政治认同、道德修养、法治观念、健全人格、责任意识。

课程基本规划
1.课程描述：本课程通过具体专题形式落实政治认同、道德修养、法治观念、健全人格及责任意识。具体课程将结合专题外请专家协同开展。 2.总课时数：24课时 3.人数要求：40人（场地允许可增加人数）。 4.课程内容：认识你自己、做情绪的主人、宪法是我国的根本大法、国家主权与安全——以"一国两制"为例、认识我国的国家机构、公民的权利与义务——青少年权利与义务专题、健康生活课程、责任意识课程——"回到"女附中。
课程对选课学生的要求
1.身体健康。 2.具有一定的团队协作能力。
课程实施资源需要
1.本课程需要带学生外出，需要学校允许并提供经费保障。 2.需结合具体专题外请领域内专家学者授课，需要一定的专家劳务费；如不能满足需提供一定的学校纪念品。
课程评价方式
采用课堂展示评价方式：学生可基于感兴趣的专题模块结合自身认识进行课堂展示，形式不限，每人/每组15分钟，教师进行打分。
附：课程材料汇集
另行整理。

绿色行动：我的生态环保实践之旅

授课教师 （或授课教师团队）	初二地理备课组		
课程名称	绿色行动：我的生态环保实践之旅		
课程类别	智育素养课程	课程"五育融合"特征	融合德育、美育、劳动教育
面向年级	初中	预计开课时间	周五15：20~16：50

课程性质与基本理念

1.课程性质：《义务教育地理课程标准（2022年版）》对地理实践提出了具体的要求。

①设计简单的实验方案，利用模拟、虚拟等方式开展地理实验。
②设计简单的调查方案，利用问卷、访谈等形式进行社会调查。
③设计简单的考察方案，利用工具进行观察、观测等野外考察。

本课程为地理课后服务课程，致力于结合环保理念，为学生提供实践活动平台，培养学生的环保意识和行动力，是地理课程内容的补充与延续。

2.基本理念如下。
①实践导向：鼓励学生通过实际操作参与环境保护活动。
②跨学科整合：结合地理知识，融入环保内容，实现学科交叉。
③团队协作：培养学生的团队合作能力，共同为环保贡献力量。
④成果可视化：将学生的实践成果以可视化形式呈现，增强其成就感和社会影响力。

课程核心素养与培养目标

1.课程核心素养如下。
①环保意识：培养学生对环境保护的关注和责任感。
②地理实践能力：提升学生的动手能力和解决问题的能力。
③跨学科思维：培养学生综合运用多学科知识解决问题的能力。

2.培养目标如下。
①使学生能够理解和认识到环境保护的重要性。
②培养学生的环保行动能力，使其能够参与并推动环保项目。
③提升学生的团队协作和沟通能力。

课程基本规划
1.课程描述：本课程将带领学生走进环保的世界，通过实践活动、思路指导、文献查阅等方式，让学生深入了解环保知识，参与环保项目，并将成果以可视化形式呈现，最终参与环境保护活动。 2.总课时数：10课时。 3.人数要求：15~20人。 4.课程内容：环保基础与理念介绍、地理学视角下的环境保护、环保活动思路指导与文献查阅、环保实践活动设计与实施、实践成果可视化制作、环保活动参与与分享。
课程对选课学生的要求
1.对环境保护有浓厚的兴趣。 2.具备一定的地理学基础。 3.愿意积极参与实践活动，并具备一定的动手能力。 4.具备良好的团队协作和沟通能力。
课程实施资源需要
1.环保相关图书、文献资源。 2.实践活动场地和工具。 3.可视化制作软件和设备。 4.环保活动参与机会和平台。
课程评价方式
本课程采用综合评价方式，涉及实践活动参与度与表现（占40%）、文献查阅与报告撰写（占20%）、团队协作与沟通能力（占20%）、成果可视化制作质量（占20%）。通过综合评价，旨在全面反映学生在本课程学习中的表现和能力提升情况。同时，鼓励学生进行自我反思和总结，以便更好地指导未来的学习和实践。

附：课程材料汇集

1. 地理实践活动汇总。

活动名称	活动主题	活动时间	提交内容	活动链接
全国中学生水科技发明比赛	发明创新/调查实践	2024年3月31日前	实践报告/发明创新	《关于举办第二十一届全国水科技发明比赛的通知》，微说环境教育微信公众号，https://mp.weixin.qq.com/s/Z9XZY-86K7I627mPYpJ-7A
青少年环境地图展示	"我用得最多的公共设施是……"（该公共设施的现状怎么样，存在什么问题？我提出的改进措施是……），也可以自选主题	2024年7月15日	手绘/电脑绘图	《第二十一届青少年环境地图展示活动通知》，中学生地理奥赛网微信公众号，https://mp.weixin.qq.com/s/KwLo7z8XuHqH_oZYdISiPw
美境行动	暂定	暂定	暂定	暂定
北京中小学科学建议活动	暂定	暂定	暂定	暂定

2. 优秀学生作品案例集。

文学与历史

授课教师 （或授课教师团队）	曹老师		
课程名称	文学与历史		
课程类别	智育素养课程	课程"五育融合"特征	融合德育、美育
面向年级	初二	预计开课时间	周五15：20~16：50

课程性质与基本理念

1.课程性质：文学与历史密不可分。文学是一门学习语言文字运用的综合性、实践性课程。历史学在一定的历史观指导下叙述和阐释了人类历史进程，传承了人类文明，提高了人文素养。文学与历史的融合更能加强学生对相关知识的理解，拓宽知识视野，培养家国情怀。

2.基本理念：依托文学的"文化传承与理解"的核心素养，结合历史的课程内容，突出本课程的思想性和基础性，以社会主义先进文化、革命文化、中华优秀传统文化及世界其他国家和地区的优秀文化为载体，使本课程内容具有多样性。

课程核心素养与培养目标

以培养学生的历史学科的五大核心素养为基础，以深化学生的人文底蕴为目标。

课程基本规划

1.课程描述：历史是文学的重要组成部分。文学作品往往通过对历史事件或者历史人物的描写来展现人类的生活和命运，同时可以通过历史事件来探索人性和社会的本质。文学作品中所描绘的历史背景通常是真实存在的或者基于历史事件的改编和演绎而来。这些历史事件可以是历史上的真实事件，也可以是作者根据自己的想象和创作虚构的事件。文学作品中的历史事件可以帮助读者更深入地了解历史，也可以为读者提供一种新的历史体验。通过阅读文学作品，读者可以感受历史的魅力，也可以从文学作品中获得启发和感悟。本课程希望学生通过一个学期的学习，对文学与历史的关系有更加深入的认识，拓宽自己的知识视野，丰富阅读体验。

2.总课时数：20课时。

3.人数要求：最少25人。

4.课程内容：

中国古代文学与历史、中国近代文学与历史、中国现代文学与历史、世界古代文学与历史、世界近代文学与历史、世界现代文学与历史。

课程对选课学生的要求
具备基本的历史学习兴趣及基础的语文学习功底。
课程实施资源需要
多媒体教室。
课程评价方式
展示+过程性评价。
附：课程材料汇集
另行整理。

汽车工程师

授课教师 （或授课教师团队）	李老师		
课程名称	汽车工程师		
课程类别	智育素养课程	课程"五育融合"特征	融合美育、劳动教育
面向年级	初二	预计开课时间	周二15：20～16：50

课程性质与基本理念

  汽车是一个不断进化的机械，像人一样越来越复杂。进入21世纪后，汽车在"智商"方面的进化速度明显加快，电子控制技术、信息传输和智能识别技术的应用越来越多。只掌握机械知识，已无法完全解读今天的汽车。现在的汽车已经不再只是由成千上万个机械零件组成的机器，还包括很多看不见的芯片运算、卫星定位、信息通信、雷达探测甚至激光扫描等部分。本课程依托职业化教育背景，以汽车为载体，让学生系统化地了解汽车的结构及相对应的工作原理，通过分解汽车零部件并进行重组，充分了解汽车的内在科学。

课程核心素养与培养目标

  本课程致力于培养学生的核心能力和目标，以适应汽车工程领域的快速发展。通过学习本课程，学生将掌握与汽车工程相关的基本原理、理论和概念，如力学、材料科学、热力学等的知识，并培养运用所学知识解决实际问题的能力，提高逻辑思考和判断能力。同时，本课程强调创新思维和团队合作，鼓励学生探索汽车工程的新技术、新方法和新应用，并在团队中发挥作用。此外，本课程强调汽车工程师的职业道德和社会责任，培养学生的专业素养和严谨、细致的工作态度。最终，通过引导学生认识工程实践对社会、经济、环境等方面的影响，培养其可持续发展的观念。

课程基本规划

  1.课程描述：通过学习汽车文化、汽车历史、汽车中的科技产物、汽车中的科学等相关概念，让学生理解科技改变未来的意义。让学生明确工程与物理、化学的思维方式，让学生以单元课程学习的形式，贴近现实生活，通过进行任务式、情景化、项目式的学习，培养探究、创新、团队协作能力，学科知识整合能力，综合实践能力和解决问题的能力。

  2.总课时数：15课时。

  3.人数要求：30～35人。

4.课程内容：走进汽车的世界——历史与结构、转动系统——差速器与差速锁、悬挂系统——弹簧与支臂、底盘系统——支撑和行驶、发动机系统——点火与做功、传动系统——方向盘与传动轴、变速器系统——齿轮与啮合、汽车安全系统——主动与被动、汽车电气系统——车灯与穿透、汽车外观系统——外形与材质、汽车驱动系统——两驱与四驱、汽车速度——尾翼与流线、驾驶辅助系统——智能与辅助、新能源汽车——电池与能源、汽车文化——文化与创新。

课程对选课学生的要求

要求对汽车有一定的兴趣和了解。

课程实施资源需要

学生不把课后材料箱带回家，需要学校找地方存放。

课程评价方式

本课程主要考查学生的知识掌握情况、技能应用情况和综合能力，以下是具体的评价方式。

1.课堂参与度与表现：观察学生在课堂上的表现，包括提问、讨论和小组活动等，以评价他们对汽车工程基本概念的兴趣和学习的积极性。

2.基础知识测试：通过简短的测试评价学生对汽车工程基础知识的掌握程度，如发动机工作原理、车辆构造等。

3.团队合作评价：在小组活动中，观察学生的表现，如沟通、协作和任务分配等情况。

4.创意与问题解决能力：鼓励学生提出与汽车工程相关的问题或解决方案，评价其创新思维和解决问题的能力。

5.技术实验与观察：在实验环节，观察学生操作设备、记录数据和处理实验结果的情况。

6.个人作品展示：让学生展示自己制作的汽车模型、绘制的设计图纸或其他相关作品，评价其创造性和技术实现能力。

7.口头表达与沟通：通过口头报告或讨论，评价学生表达观点、交流信息和与他人沟通的能力。

8.平时作业与练习：布置与课程内容相关的作业与练习，以检查学生对课堂内容的理解和应用情况。

附：课程材料汇集
另行整理。

国家级非物质文化遗产——篆刻

授课教师 （或授课教师团队）	尹老师		
课程名称	国家级非物质文化遗产——篆刻		
课程类别	美育素养课程	课程"五育融合"特征	融合智育、德育、劳动教育
面向年级	初一、初二	预计开课时间	周二15：20~16：50
课程性质与基本理念			

1.课程性质：篆刻这一古老、独特的民族传统艺术，远溯商周，盛于秦汉，是中华民族艺术园地里的瑰丽奇葩，是一种将书法、设计、雕刻相结合的手工艺术。篆刻以石材为材料，以刻刀为工具，以汉字为表象，至今已有3000多年的历史。篆刻既强调中国书法的笔法、结构，又突出镌刻中的自由和酣畅，在方寸之间施展技艺、抒发情感，篆刻艺术作品既可以独立欣赏，又可以在书画作品等领域广泛应用。研习篆刻艺术应该是长期性的，应发扬针对中华传统艺术文化的重要学科力量，而篆刻就是一种由内而外需要时间积淀方能达到的修为。

2.基本理念如下。

①传承中华文化：篆刻是中国传统文化的重要组成部分，学生可以通过对篆刻的学习、观摩，创作篆刻作品，传承中华文化。

②表达个性特色：篆刻是一项有趣而又极具个性的艺术表现形式，学生可以通过创作表达个性特色。

③丰富审美体验，提高鉴赏能力：学生有着丰富的审美体验和好奇心，可以通过篆刻探索审美领域的知识，激发艺术想象力和天赋及潜在的创作能力。

课程核心素养与培养目标

1.课程核心素养：

篆刻以美育为基本出发点，强调学生在自主性、探究性学习过程中，融智育、德育、劳动教育于一体。

2.培养目标如下。

①知识获取与理解：了解印章的历史、政治、经济、文化等方面的功能和印章的类型、用途和工具材料等方面的知识。

②技能培养与实践：掌握磨平印面、转印、镌刻、钤印等一般方法。

③思维能力与创新精神：在学习中，鼓励学生发挥主观创作思维的作用，从不同角度审视和理解中国篆刻文化。

④审美修养与人文素质：通过对中国篆刻作品的欣赏和分析，提高学生的审美水平和人文素质，培养学生的文化自信。

⑤跨学科综合素养：用中国篆刻文化培养学生的跨学科综合素养。

课程基本规划

1.课程描述：培养学生鉴赏印章，了解与掌握简单的篆刻方法、步骤和技巧，激发学生学习篆刻的兴趣；让学生感受篆刻的魅力，体验篆刻艺术的乐趣，激发其对中国篆刻艺术的热爱和民族自豪感。

2.总课时数：20课时（10课次）。

3.人数要求：30人以内。

4.课程安排。

课次	上半节课	下半节课
1	1.师生自我介绍，相互认识 2.了解课程目标，明确什么是篆刻 3.熟悉篆刻工具和所需材料 4.老师基本了解学生对篆刻的兴趣	组织教学：检查学具、引导学生认真听课，总结上学期学生实操中的优点，讲解上学期对不足之处的纠正方法，通过执刀练习让学生掌握正确的执刀手法
2	让学生了解篆书及篆刻之间的关系、"识篆"基本点，了解篆书的特点、字义和结构（177个篆书必练字）	讲解描摹法、勾线法，切刀、冲刀技法上石体验
3	"识篆"：基本了解篆书的特点、字义和结构（177个篆书必练字）	印稿上石
4	让学生对秦印、汉印及清代优秀作品等进行鉴赏，提高其对传统篆刻美学的鉴赏力，拓宽学生的视野	镌刻印石——白文 在印石上练习基础刀法，做到线条熟练均匀，练习"回"字纹圆角框
5	让学生在讲解篆刻技法环节了解与掌握磨平印面、转印、镌刻、钤印，难点是让学生学习镌刻过程中的刀法	镌刻印石——白文 在印石上练习基础刀法，做到线条熟练均匀，练习"回"字纹圆角框
6	介绍印章的分类与用途，让学生了解印章的边框与界格	镌刻印石——白文 在印石上练习基础刀法，做到线条熟练均匀，练习"回"字纹圆角框
7	讲解印稿设计布局要求，学生在学会冲刀切刀、基础笔画运笔方式后，练习以灵活的方式将其运用到篆刻中去，懂得用线条的浓淡粗细表达所篆之字的灵气与格局	设计印稿反转上石、白文篆刻 结合切刀、冲刀技法，刻印时走刀不宜过快
8	老师在学生操作时巡视，适时进行指导，发现问题并及时纠正	设计印稿反转上石、白文篆刻 结合切刀、冲刀技法，刻印时走刀不宜过快，夯实篆刻的运笔，培养学生的线条篆写能力
9	对完成印章篆刻学习与操作过程进行评价总结	继续完善印面
10	介绍钤印，进行学期总结	篆刻两枚印章，对印章进行最后的钤印，进行学期总结

课程对选课学生的要求
无
课程实施资源需要
1.场地：学校教室。 2.篆刻学习材料：印石篆刻套装（本学期使用，上学期的工具可继续使用）。 3.在原有材料的基础上，每位学生需补充配备以下材料：安全防割线手套一副、2~4枚印石（规格为3厘米×3厘米或2.5厘米×2.5厘米）、1小盒印泥、连史纸、每人一支细勾线小双头记号笔。 4.设备：投影仪（可以投屏笔记本电脑）。 5.清洁用具（课后打扫卫生时使用）。
课程评价方式

首先，坚持素养导向，围绕核心素养内涵、课程总目标和学段目标，根据初中学生年龄特点和教学需求，设置一些具有启发性的问题，让学生动脑、动手，积极思考，培养学生的参与意识、主题意识和动手能力。老师在巡视指导中，积极帮助学生，针对其遇到的问题对其进行指导，师生之间平等交流，从而使学生的主动性、创造性和独立性得到充分发挥。其次，重视对学生思想品格的考查，关注学生对知识点和技能的掌握情况，坚持多主体评价，充分发挥教师、学生的评价主体的作用。坚持以评促学，不断丰富学生的美学体验，引导学生发现自己的美学潜能，合理运用评价结果改进学习情况，发挥自己的建筑美学特长。
  1.教师对学生学习过程的评价：包括学生在学习过程中的行为表现、学习态度、课堂学习阶段目标的达成情况等方面。通过观察、提问、交流等方式，了解学生在创意实践等过程中的学习进程、行为表现，分析、把握学生的学习态度、学习体验、学习困难，给予其必要的指导。以鼓励为主，激发学生的积极性，同时指出其存在的问题，帮助其改进学习情况。
  2.教师对学生结课作品的评价：结课作品作为课堂教学的有效延伸与补充，是促进学生学习与发展的手段之一，是课程评价的重要组成部分。作品评价既关注作品结果，也关注过程，如方案策划、素材收集、创意构思等。综合运用质性分析和量化评定方法，发挥评价的引导、激励功能。评价结果以分项等级制和评语相结合的方式呈现，此举避免单纯用分数评价学生。针对不同学生的特点，进行个性化评价，以便学生准确了解自己的表现和结果，并知道今后的努力方向。
  3.学生对结课作品的互评：采用课堂现场互评形式。在互评中，学生可以更加直观地发现他人及自己的优缺点。这不仅有助于提升学生的批判性思维能力，还培养了学生的沟通与协作能力。教师通过此举提高了课堂参与度，针对评价结果进行反思，以改进教学方法。

附：课程材料汇集

1.推荐图书：

吴颐人：《篆刻五十讲》，上海人民出版社，2009。

谷松章：《篆刻章法百讲》，河南美术出版社，2006。

2.对秦印、汉印及清代优秀作品等篆刻形式的鉴赏材料。

纸艺折学

授课教师 （或授课教师团队）	刘老师		
课程名称	纸艺折学		
课程类别	劳动素养课程	课程"五育融合"特征	融合智育、美育
面向年级	初二	预计开课时间	周二15：20~16：50

课程性质与基本理念

本课程属于"综合实践活动"类课程，以跨学科主题的研究性学习方式进行，通过学生在问题驱动下的任务式实践、主动探究、合作交流，让学生在学习中体验、在实践中成长，培养其科学素养和实践能力。《义务教育课程方案和课程标准（2022年版）》正式提出"跨学科主题学习"这一概念，并要求每门课程中要有不低于10%的课时设计为跨学科主题学习内容。各个学科的课标都给出了相应的落实建议。例如，《义务教育数学课程标准（2022年版）》要求"设立跨学科主题学习活动，加强学科间相互关联，带动课程综合化实施，强化实践性要求"。

课程核心素养与培养目标

本课程采用项目式学习方式，包括智育和科学教育、劳动实践等内容，侧重于在以下几个方面培养学生的素养。

1.数学建模及应用：在折纸的实际情境中，应用数学知识进行数学建模，培养学生的数学问题解决能力。

2.发展技术意识：通过介绍折纸在航天、工程、建筑、医学、环保、艺术等多领域的应用情况，让学生建立不同学科之间的联系，培养学生跨学科运用知识的意识、分析和解决问题的综合能力。

3.创新设计：让学生基于折纸基本结构，想象与设计其应用场景（问题解决方案），并用折纸呈现，提升动手操作能力。

4.科学探究：让学生参与折纸结构优化、纸飞机飞行调试等探究活动，学会设计探究方案，参与科学探究活动中的"提出问题—猜想与假设—计划与实验—分析与论证"等环节，掌握科学研究方法。

课程基本规划

1.课程描述：折纸看似把简单的纸折成不同的形状，其实蕴含着无限的数学知识和原理。以数学原理为基础，现代折纸已被广泛应用于科学、工程、技术等多学科领域。本课程兼顾社会情境、真实情境，注重跨学科的背景与知识，形成了以数学为主线，融合科学、技术、艺术、工程等真实情境的跨学科主题学习项目群，结合多学科的应用实践，启发学生的科学思维，培养学生的科学素养。

2.总课时数：20课时。

3.人数要求：20人以内。

4.课程安排。

模块	项目
折纸与数学	☐项目1：变脸六边形 （课后探究：寻找塔斯曼穿越） ☐项目2：如何奇数等分？ ☐项目3：蝴蝶炸弹 ☐项目4：翻转六连粽 （课后探究：如何制作翻转八连粽） ☐项目5：藤本近似 ☐项目6：对折的上限 ☐自主探索项目
折纸与工程、数学	☐项目1：一张纸可以扛多重的物品？ ☐项目2：怎样让纸自己走起来？ ☐项目3：怎样让纸自己跳起来？ ☐项目4：飞机为什么能飞？ ☐自主探索项目
折纸与艺术、数学	☐项目1：艺术纸盒 ☐项目2：折纸灯罩 ☐自主探索项目

课程对选课学生的要求
对折纸感兴趣；对数学、物理等感兴趣。
课程实施资源需要
场地：需要有较宽大、平整桌面的教室，如实验室。

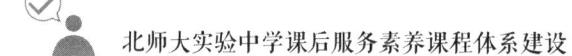

课程评价方式		
考勤（占10%）	形成性评价（占45%）	学习成果（占45%）
学期课程缺勤1/3被评价为不合格	课堂发言 汇报交流 合作学习	随堂作品 期末作品 收获总结（以文字或PPT形式呈现）
附：课程材料汇集		
另行整理。		